高效能团队设计

HOW TO DESIGH AN EFFICIENT TEAM

赵 伟◎著

台海出版社

图书在版编目（CIP）数据

高效能团队设计 / 赵伟著. —北京：台海出版社，
2019.1

ISBN 978-7-5168-2205-0

Ⅰ.①高… Ⅱ.①赵… Ⅲ.①团队管理 Ⅳ.①C936

中国版本图书馆CIP数据核字（2019）第002844号

高效能团队设计

著　　者：赵　伟

责任编辑：俞滟荣　曹任云		装帧设计：末末美书	
版式设计：许　可		责任印制：蔡　旭	

出版发行：台海出版社

地　　址：北京市东城区景山东街20号　　邮政编码：100009

电　　话：010-64041652（发行，邮购）

传　　真：010-84045799（总编室）

网　　址：www.taimeng.org.cn/thcbs/default.htm

E-mail：thcbs@126.com

经　　销：全国各地新华书店

印　　刷：环球东方（北京）印务有限公司

本书如有破损、缺页、装订错误，请与本社联系调换

开　　本：880mm×1230mm　　1/32

字　　数：147千字　　　　　　印　　张：8.5

版　　次：2019年3月第1版　　印　　次：2019年3月第1次印刷

书　　号：ISBN 978-7-5168-2205-0

定　　价：45.00元

这个时代，只有高效能团队才能赢

　　在一个追求合作的时代，团队模式成为众多企业与公司的追求，毕竟单打独斗的时代已经过去了，个人英雄主义不再适用于现如今的发展模式。无论是单位组织，还是企业组织，它们的核心竞争力必须涉及内部和外部的合作。随着组织形式越来越丰富，且越来越复杂，越来越多的人渴望打造一个合适的组织形式。在这样的环境下，团队模式应运而生。

　　全球最大的猎头公司光辉国际联合《经济学人》杂志社一起对一些跨国公司高管做了一系列调查研究，证实了一个观点：未来的机构将由领导团队来管理。这些高管在接受调查时，被问到未来十年内谁将在他们的全球性组织中拥有最大影响力，结果61%的人认为是"领导团队"。这反映了全球组织机构发展的一个趋势，那就是优秀的领导者仍旧是组织发展的重要因素，但是最有效的模式是优秀的领导者与伟大的团队共存。这是一种富有创造力和竞争力的组合。

虽然如今都在谈论团队，但它的出现（至少从定义上来说）并不久。卡特森伯奇和史密斯在1993年提出了团队的一个基本模式：当群体成员发展到有共同的承诺感和力求协同行动的阶段，该群体就会进一步发展成为团队。在这里，卡特森伯奇和史密斯认为团队是由群体进化而来的。到了1994年，斯蒂芬·罗宾斯认为团队是一种为了实现某一特定目标而由相互协作的个体组成的正式群体。共同的目标以及协同作用成为团队的标配。

当然，团队的组成并不意味着出色的绩效和强大的竞争力，并不意味着出众的执行力以及高效率。想要打造一个强大的团队，就需要对团队的一些特质进行设计，看看什么样的团队才是最具竞争力和影响力的。有人认为团队最重要的是效率要高，要拥有强大的资源优势，并且具备高产值，因此很多人更加倾向于将优秀团队定义为"效率团队"，或者定义为"高产值"。传统的商业智慧和实践大都倾向于微观管理：管理者关注和管理下层工作人员的日常生活。微观管理注重提高工作效率，提升生产力，并使人们更具责任感。但高效能的团队需要管理者从宏观调控的角度进行分析。战略的制定，内部资源的平衡，发展节奏的有效掌控，都是宏观调控的一部分。一个团队的发展应当注重全局，应当从全局进行协调，对各个方面进行关注，确保整个团队的发展方向、发展目标、内部的任务设定都是正确的，都是平衡的。团队效能的高低决定了团队工作效率的高低，决定了团队的发展方向和发展潜力。想要提升团队的工作效率和发展层次，就要打造一支高效能的团队。

高效能更加适合这个时代发展的需要，也更能体现出一个团队发展的能量和潜在的影响力。作为团队最重要的指标，高效能是企业、组织、团队追求的一个重要目标，也是最佳的团队模式之一。它几乎囊括了所有团队应当具备的因素，并且进行了一个完美的整合，是纵向的管理模式（从战略计划制订、任务制订到执行的流程），也是横向的平衡模式（各部门、各个执行者之间的横向配合）。这种纵向和横向的有机结合正是一个团队保持长久发展的基础。

不过，团队建设并不是一件轻松的事情，Facebook创始人扎克伯格说："对于一个想创造些什么出来的创业者来说，真正需要的是一个优秀的团队。我把所有的时间都花在了创建团队上。"

想要打造一个高效能团队并非易事，但也并非无从下手。组建者应当关注强有力的领导（领导的魅力和制度的约束）、资源的合理分配（人才配置、资源应用、组织变革）、内部的文化传承（团队精神、价值观）、高效的沟通以及目标管理等重要方面，争取打造一个合作的、有活力的、稳定的团队，并建立起一个具有强大生产力和说服力的规则。

本书从多个方面进行分析，重点介绍了打造高效能团队的方法。书中运用了大量管理学理论知识，也使用了很多具体的实际案例，包括Facebook公司、惠普公司、沃尔玛公司、通用电气公司、华为公司、阿里巴巴公司等国内外多家知名企业以及内部团队，从而做到了理论与实践的有机结合，为各类团队和组织的领导者提供了实用的团队管理指南。为了明确知识架构，书中分别从团队文化、制度管理、目标管理、沟通管理、领导力、人才管理、思维模式等方面进行深入分析，有效阐述了相关的知识点，完美地描述和解释了高效能团队的模式。对于读者来说，本书的阅读和理解难度不大，相关的理论知识都被通俗化处理，一些复杂的学术词汇也有重点解释，相关的理论知识架构也被完美地融合在通俗易懂的语言描述中，因此非常适合大众阅读。

目　录

第三章

制度管理，为高效能工作提供保障

第四章

进行科学全面的目标管理

第五章

沟通体系决定团队合作的质量

第六章

领导思维决定了团队的上限

第七章

人尽其才，才能打造高效能的团队

第八章

高效能团队的思维特质

第一章

你需要一个高效能的团队

高　　效　　能　　团　　队　　设　　计

为什么团队的工作总是做不好

在日常生活中，每一年都会产生大量的团队和企业，与此同时，也有大量的企业和创业团队面临失败，甚至被淘汰出局。那么为什么很多团队一直都表现得非常努力，可就是难以在竞争激烈的环境中占据一席之地呢？

一般来说，团队做不好的原因是多方面的，有的是因为目标不明确，整个团队缺乏明确的方向，队伍的发展非常混乱；有的是因为领导者的素质低下，无法带领团队走向成功；有的是因为缺乏硬件，实力不成熟，技术、资金、人才、市场、资源全都不合格，这样就很难获得突破。比如说，团队内部合作意识匮乏，内部成员相互隔绝，缺乏有效的沟通与合作，所有个人拍板决定某个市场扩张方案是否可行，一个人决定某个观点是否正确。这种集权式的模式使得这个机构经常提供错误的评估和指导，给这家外资企业带来了重大的损失。

——消极应对的团队

这类团队看上去一团和气，内部很少出现争执，可是消极的沟通态度使得制度的完善性难以得到保障，而且一旦落实到执行层面，执行者会认为这些指令无足轻重，或者认为自己做不做都一样，因此会消极怠工。

某创业团队成立三年，团队成员之间根本没有红过脸，每次开会都是客客气气的，任何人提出一个观点都不会遭到其他人的批判，也没有人提出什么意见和建议。这种过于和气的氛围使得团队内的执行力非常低，一些队员常常忘了开会说了些什么内容，他们也不太关心管理者说了什么。

——各行其是的团队

这类团队可能拥有丰富的资源，也汇聚了一大帮精英人才，但是由于缺乏良好的团队文化，团队成员之间缺乏合作意识，也没有共同的目标，所有人的出发点都是为了满足自身的利益。这就造成了一个奇特现象：每个人都有出色的执行意识和执行能力，但是整个团队的执行能力并不高，就像一盘散沙一样，无法发挥出整体的最大力量。

　　一家民营企业为了提升员工素质，从国外高薪聘请了一大批高级工程师，可是接触之后发现这些人虽然基本上都有独当一面的能力，但是常常互不理睬、互不联系，彼此之间没有什么互动和交流，每个人都在做自己的事情，结果企业的工作一片混乱。

——过度膨胀的团队

这种团队的规模超过了一个团队的正常规模，以至于团队内部结构变得臃肿而复杂，这就增加了团队管理的难度，而大量中间阶层的设置无疑会增加沟通难度，基层的执行者则无法完整地领会高层的决策，整个团队会因为巨大的内耗而失去竞争力。

　　某企业原本在研发部门成立了几个8人研发小团

队，这几个研发小团队一直处于相互联系但保持独立的状态，工作效率和工作产出都很不错。可是内部进行组织改革之后，研发团队内部增加了人数和层级，整个研发部门的工作效率直线下降。

——管理过度的团队

团队管理者为了提升掌控力，可能会设置更多的管理层，而这样无疑会让团队的行动变得更加迟缓。此外，管理者由于忙于自己分内的管理工作，而缺乏大局观和全局观，对于新的发展机会和发展的潜在危机把握不足。官僚主义很严重，管理者更加重视自身权力的发挥而不是管理的效果，那些有才能的人往往会遭到排斥。

以上几种类型的团队代表了多数团队的状况，对于那些自认为发展状态不好、问题很多的团队而言，应该充分进行自我反省，看看自己究竟属于哪一种类型，从而了解自己的发展状态，找出潜在的各种问题，并有针对性地进行解决和完善。

一个优秀的团队应该是怎样的

许多人常常会问，团队中最重要的要素是什么？有的人认为好团队需要拥有高学历、能力强的员工，这种人认为"优秀的人才必定会组成优秀的队伍"，他们主张招聘优秀和高端的人才来提升队伍的质量和水平；有的人觉得优秀团队必须拥有雄厚的实力，而雄厚的实力大都需要资金来支撑，因此充足的资金是打造优秀团队的基础；有的人认为技术是第一生产力，也是竞争力的基本要素，因此想办法提升技术，就会成为优秀团队；有的人觉得执行力才是关键，只有具备了强大的执行力，整个团队的发展才会有更多助力。

那么优秀团队究竟需要什么要素呢？人才、资源、资金、技术、市场、经验、沟通、组织结构、执行力、创造力、平衡力，还是其他东西？对于一个优秀团队最需要什么，或者说一个好团队的基本标准是什么，并没有统一的说法。

换一个角度来说，优秀团队应该以何种面貌呈现出来，同样有多种说法，比如，有的人认为合作密切的状态才是优秀团队应该有的表现，有的人认为追求共同目标的团队才是好团队，有的人则看重内部的良性沟通与相互交流，有的人看重优秀的文化底蕴，有的人认为实现内部的合理配置才是一个优秀团队应该看重的。

李彦宏说："我们在发展过程当中，至少从我的角度以及百度的角度来说，我们最需要的是什么，这个市场能够接受什么样的东西，我们有没有能力去做相应的事情，这才是最重要的。我们从不觉得我们做了，别人就不能做。我们觉得这完全是一个开放自由竞争的市场，谁做得好，市场能够接受谁的产品，谁就更能成功。过去十年百度基本就做了一件事：中文搜索。"

在这里，李彦宏谈到的是开放的姿态。

阿里巴巴的创始人马云曾经说过："让每一个人的才华真正地发挥作用的道理就像拉车，如果有的人往这儿拉，有的人往那儿拉，互相之间就先乱掉了。……我在公司里的作用就像水泥，把许多优秀的人才黏合起来，使他们力气往一个地方使。"

马云认为一个优秀团队应该具备统一的目标和方向。

乔布斯说："苹果要做的不只是帮助人类完成工作的机器——尽管在这方面它已经做到了尽善尽美，在某些情况下，甚至做到了最好——但苹果远不止这点本事，苹果的核心价值观在于，相信富有激情的人能让世界变得更美好，这就是我们的信仰……我们疯狂地认为，能付诸实践的人，才是能改变世界的人。

"因此，苹果打算在近几年内开展第一次品牌营销活动，让公司回归核心价值观。很多事情都改变了，如今的市场与十年前完全不同，苹果是崭新的，苹果的地位亦是如此……但苹果的价值观和核心价值观不能变，苹果核心价值观认定的东西，就是如今苹果所坚持的东西。"

乔布斯认为优秀团队应该具备激情。

任正非说过："华为展台上有一棵树，上面的树枝上结了许多果子。这棵树干就是我们的大数据管道，树干支持很多树枝，树枝上的果子是千万家内容提供商与运营商的业务。我们的'云'的原则是上不碰内容，下不碰数据，而是支撑平台，这同样也是管道。树干上面挂了很多果，其实就是运营商、内容提供商等各种商，几千家、百万家将来都在这棵树上开花，服务社会。根在哪呢？根在最终客户那个地方。我们从客户身上吸足营养，这样会使得我们的树干更强壮。"

任正非认为"以客户为中心"的服务理念才是优秀团队应该具备的特质。

一般来说，不同的人往往对优秀团队有着不同的见解，他们在打造优秀团队时的思路也不一样，比如有人对1950 年至 2007 年进行的 103 项研究的数据进行了分析，发现团队建设活动对团队绩效具有可衡量和积极的影响，特别是在信任、协调和沟通方面。而美国"Scrum（敏捷开发）之父"杰夫·萨瑟兰博士曾经在《敏捷革命》一书中描述了世界优秀公司最卓越的团队应该具备的特质。

——超越寻常

杰夫·萨瑟兰博士认为优秀团队应该具有希望超越寻常的远大目标，内部成员应该想方设法从普通走向卓越，应该去超越寻常水准，而当一个团队试图突破局限的时候，成员的能力和眼界都会得到拓展。

——自主性

一个优秀的团队具有自我组织以及自我管理的能力，这类团队拥有绝对的自主选择权和决策权，内部成员可以自主决定如何开展相关工作，可以对自身的工作进行合理的规划和布置，并且获得决定做事的授权。

——多功能

一个优秀团队的功能往往不是单一的。为了提升竞争力以及生存的概率，整个团队会趋向于多功能模式，内部成员往往具备实施相关项目的所有技能：计划、设计、生产、销售、分销，不仅如此，他们还会针对这些技能相互学习、相互促进、相互监督、相互提高。

杰夫·萨瑟兰博士的观点实际上是对其他企业家关于优秀

团队的看法进行了一个总结，其他有关优秀团队的看法都可以从他的观点中衍生出来。而无论是其他杰出企业家还是杰夫·萨瑟兰博士，他们所提到的优秀团队的一个标准都是为了提升团队实现目标的效率和效果。这里就涉及了一个重要的词：效能。可以说，一个优秀团队的终极标准就在于它必须是一个高效能团队。

什么是高效能团队

现如今，越来越多的组织机构将高效能当成团队建设的一个重要标准，各个优秀的团队管理者尽量确保自己的团队能够具备高效能的特质。不过很多人容易将效能和效率混淆，一些人常常会觉得提升效率就是提升效能，认为一个高效率的团队就是一个高效能的团队。从管理学的角度来分析，两者之间还是存在很大区别的。

尽管很多人都知道，一个优秀团队必须能够产生更高的价值，拥有更高的办事效率，但高效能团队并不仅仅包含了效率问题，效能的定义要比效率宽泛一些。效能是指有效的、集体的效应，即人们在有目的、有组织的活动中所达到的效率和效果，它反映了所开展的活动目标选择的正确性及其实现的程度，因此效能被当作衡量工作成果的尺度。其中，效率、效果、效益则是衡量效能的重要依据。

管理大师彼得·德鲁克曾在《有效的主管》一书中对效率和效能作了简明扼要的解释，"效率"是"以正确的方式做事"，即人们快速向目标前进，目标是否正确合理不得而知；而"效能"则是"做正确的事"，人们向着个人的目标前进，这个目标是合理的。一般情况下，人们会同时追求效率和效能，可是一旦只能二选一时，最好的方式就是先着眼于效能的提升，然后想办法提高效率。一些团队可能不太清楚自己所做的事情是否是正确的，麦肯锡资深咨询顾问奥姆威尔·格林绍对这种问题建议道："我们不一定知道正确的道路是什么，但不要在错误的道路上走得太远。"

效率和效能两者并不相等，效能通常是从战略角度考虑的概念，而效率则是从战术层面考虑的概念。最简单的例子是，当某个管理者提出某项任务，要求员工必须提高工作效率以尽快达成目标，这个时候，各种资源就会集中在这项任务上，从任务本身来说，这是一项重要的决策。而如果从整个团队出发，这项决策可能就不够合理，因为当人们过度强调效率而将资源集中在该项任务上时，就意味着其他资源被占用了，甚至意味着没有将资源运用到最需要的地方。可以说，管理者考虑到了效率，但是却忽略了效能，以至于某个方面获得了发展，但是对整体的伤害却很大。比如一家公司将所有的精力都投入研发工作当中，结果产品越来越好，技术越来越先进，可是由于缺乏明确的市场导向和足够的市场开拓方面的投资，很多产品卖不出去或者产品干脆脱离了市场需求。从研发这项工作来说，投资得越多就越正确，这是一种正确的方式，可是从整个公司的发展来说，将所有资源集中在研发领域是一种冒失的错误的举动，是不顾全大局的行为。

效能会追求一种目标，但是这种目标的追求方式同样非常重要，人们不应该为了实现目标而盲目行动，高效能本身追求的就是一种有助于目标实现的方法和方式。假设工人一个小时的产值是15元，那么按照正常思路来说，这个工人一天工作时间越长，工作产值越大，比如5个小时的产值是75元，10个小时的产值为150元，因此多数人都会觉得如果工人一天工作24个小时，那么产值就是360元。从理论上说，工作时间越长，产值越高。但这并不符合事实，在现实生活中，一个人的能力和精力都是有限的，工人在工作10个小时之后，工作效率肯定会下降，效能也必定会受到影响。因此，一个高效能团队会从长远利益出发，不会过分透支体能。提升效能最简单的方式就是提升员工的工作效率，比如引进新技术、新机器，或者对员工进行技术培训，让员工相互配合，管理者也可以制订合理的工作流程，让每一个员工都可以成为这个流程上的有机组成部分。

一个高效能团队所追求的是以科学合理的方式来实现目标，通过文化、制度、手段等方式调动团队的积极性和创造性，提升团队的办事效率和工作能力。为了更好地实现目标，为了让自身效益实现最大化，高效能团队必须包含和满足各个方面的因素，比如权力的控制和分配、能力和素养的保障、工具的归位、职责的定义和明确、思想以及行为的统一、目标的统一、激励策略的实施等。简单来说，高效能团队首先必须是一个整体，然后所有的管理制度、策略和手段都是为了实现和完善这个整体，并提升整体效率和效益而服务。

比如谷歌公司在实施某项计划时会制定共同的目标，明确每个工作者的职责，内部有着明确的权力分配体系，还拥有人性化的工作模式以及激励方式。拥有出色的技术人才和管理人才，以及丰富且顶尖的技术储备人才，才使得这家公司始终能够屹立于世界顶级科技公司的行列。

对以上这些内容进行总结，就可以发现高效能团队建设往往需要注重团队的整体性与全局性。整个团队的打造以及任务的实施都必须以团队的整体利益和效益为准，不片面追求产量，不片面追求效率，不片面发展某一个部门，不片面追求某一个优势。一个高效能团队必须具有凝聚力，必须达到基本的平衡。

高效能团队的层次

在现实生活中，有很多不同类型的高效能团队，大家所熟知的很多优秀企业都拥有高效能的团队，这些团队无论是形态、功能、竞争力、规模、发展方向、管理模式、盈利状态都不一样，因此人们常常不清楚什么样的团队才是高效能团队。

其实，高效能团队的种类很多，并不能完全将某一个企业或者某一个团队当作高效能团队的标本，但高效能团队有一个模型，这个模型分为好几个层次，只要按照这些层次去建设团队，就能够提升团队的效能。

一般情况下，高效能团队模型分为四个层次。

第一层就是愿景，简单来说，一个团队必须拥有清晰的愿景和明确的发展方向。某个小团队成立之后，管理者需要向大家描绘一个发展的蓝图，或者说谈论发展的愿景，即希望获得什么成就。这里谈到的成就指的是一种清晰的内心的愿望，是一种驱动力，体现出了人们渴望追求的某一种境界，这种境界和追求就直接决定了发展目标的设定。

第二层是目标，相比于愿景的设定，目标的提出无疑更加精确、更为具体，也更加符合实际情况，它是可以看见且能够实现的。目标的提出主要是为了实现愿景。一般来说，高效能团队会制订各个发展阶段的目标，先从小目标开始，然后是大目标。与此同时也需要制订不同维度的目标，这些目标不仅仅是为了实现多少产量，创造多少价值，而是包含了配合成熟度、专业性高低之类的另类目标。

第三层是任务和角色，当目标明确之后，就需要有人来执行。团队管理者需要将大目标划分成小目标，需要对相关的任务进行合理分配，但在分配任务的过程中，可能会出现一些分配不合理、责任不清晰、工作重叠反复的情况，因此需要明确每一个人的责任和角色，确保每一个任务都有人完成，每一个人都可以在最适合的岗位上工作，从而实现人力资源的优化配置。

第四层就是工作流程，虽然团队已经有了清晰明确的愿景和目标，也安排好了目标执行的相关任务和角色，但是一个优秀团队必须拥有统一的工作流程，确保分配好的任务能够在标准化的体系中执行下去。

对于任何一个团队管理者而言，想要打造一个高效能团队，就应该懂得把握好高效能模型的四个层次，或者说按照这四个层次来进行建设。

一开始成立团队的时候，最重要的是保持吸引力和凝聚力，需要让所有成员意识到加入这个团队的价值和前景，因此给每个人提供一个良好的愿景很有必要。比如某机械制造公司刚刚成立时，创业者和领导告诉员工："有一天，我们中的每一个人都会开上法拉利，都会拥有一栋漂亮的房子，穿着最好的衣服，还可以时不时地进行一次环球旅行。"这样的愿景大部分都是以物质利益的满足为前提的，但无论如何，这些愿景会激发员工的积极性，他们对于加入团队可能抱有更大的期望。

实现了第一层次之后，团队领导者开始制订团队的发展目标和奋斗目标，这些目标主要是指具体要达到的目的。这些目的不同于愿景，它们必须是可以预见且通过努力可以实现的，如果一个实力弱小的团队将"每一个人都会开上法拉利，都会拥有一栋漂亮的房子，穿着最好的衣服，还可以时不时地进行一次环球旅行"作为团队发展目标，显然不够成熟，目标的设定应该更加贴合实际，而且能够体现团队的发展需求和潜力。比如这家公司可以设定这样的目标："争取在十年内成为行业的前十位"，或者"在十年时间内年产值突破十亿元"，在实现这些大目标的时候，可以设定一些小目标："一年内实现产值增倍，三年的时间产值翻五倍。"

对于团队领导者来说，目标设定之后需要人来执行和完成，这个时候，就要想办法对大目标以及小目标进行切割和划分，即安排不同的部门和不同的人去执行不同的任务，或者说安排不同的人扮演不同的角色。这个时候，公司应该划分不同的组织和部门，研发部、财务部、市场部、人力资源部等，各部门各司其职。不仅如此，每一个部门内部同样需要进行任务划分。以制造机器为例，研发部内的人必须进行分工，有人负责研发引擎，有人负责研发齿轮，有人负责研发机器的外壳和线路。各部门以及各部门内部都必须进行合理有效的分工，这样才有机会实现产能和效率的最大化，使团队的效益得到保障。

这种任务分配和角色定位只是一种相对简单的内部分配，分配之后也未必就一定会产生良好的化学反应，比如大家可能会出现节奏不一致或者相互脱节的状况，有的人先做了某件事，而有的人后来才跟上，或者做事的顺序被颠倒了，这些都会导致团队工作陷入混乱。这种情况下就需要对工作任务进行明确的、有序的分配，必须确保所有的人可以相互配合，而打造流程化体系就显得非常有必要。它可以规定什么人负责研发和制造齿轮，什么时候制造齿轮，齿轮的质量和数量要做到什么程度，规定所有研发者在做事的时候必须与其他人进行配合，看看自己制造的齿轮产量、质量是否能够与外壳制造搭配上，这样才能真正建立一个共同协作、有序推进的工作体系。

以上这四个层次是建设高效能团队的基本过程，也是推进团队建设的重要模式，团队管理者和领导者应该重点把握好这四个层次。

提升团队效能感

　　心理学家阿尔伯特·班杜拉在20世纪70年代首次提出了"自我效能"的概念，它是指一个人在特定情景中对自己从事某种工作或者某种行为所能够取得预期结果的一项能力。这项能力是自我能力的一种感觉，通俗来说就是人们对自己实现某个目标所需的信心或者信念，即"我能行"。

　　在自我效能理论的基础上，管理学者提出了团队效能感的理论。和自我效能不同的是，团队效能感是指团队成员相信通过努力和配合，能够完成团队任务，能够实现团队目标。管理心理学将其定义为："团队成员对团队成功完成特定任务和目标所拥有的共同能力的一种信念。"团队效能感与团队效能息息相关。一般来说，团队成员的团队效能感越强烈，团队内部完成工作的概率也就越大。团队效能感会影响人们追求成就的模式，促进人们对管理资源的计划和战略进行合理构建，同时也会影响团队成员在团队工作中愿意付出的努力以及表现出来的工作积极性。

在美国职业篮球联赛（NBA）中，20世纪90年代由著名篮球运动员乔丹领军的芝加哥公牛队曾经连续两次夺得三连冠，成为20世纪90年代最出色的球队，也是NBA历史上最负盛名的篮球队之一。而芝加哥公牛队之所以可以成为常胜队伍，不仅仅在于球队拥有世界上最出色的篮球巨星乔丹，也不仅仅在于球队建立了最强大的赢球文化，还在于球队建立了一种强大的团队自信。

在当时，球队中的每一个人都认为芝加哥公牛队是世界上最出色的队伍，没有队伍可以击败他们，他们对球队能够获得总冠军深信不疑。每一次在面对其他球队时，他们都会在气势上压倒对方，都会觉得自己将迎来一场新的胜利，尤其是在季后赛和总决赛的赛场上，这支球队的团队效能感更加强大，这也使得他们爆发出了惊人的力量，最终成为那个时代最强大的球队。

团队效能感大多时候都是通过自信心体现出来的，换句话说，自信心越强的团队越具备强大的效能感，成员越是相信自己可以完成某个大目标，可以顺利完成某项任务。在自信的引导下，他们往往可以提升工作的积极性，可以提高工作的状态，可以有效激发内在的潜能。

谷歌公司曾经做过调查，发现一个伟大的团队往往具备五个显著特征。

第一个是心理安全感，即寻找一个自由评判的环境，每个人可以从容表达自己的想法，团队也会积极寻求成员的意见，每个成员会觉得自己获得了他人的重视。

第二个是可靠性，即内部工作的透明性。每个成员了解自己的工作、预期；了解其他成员的工作；能够了解目前团队工作的进展，并计划下一步的行动。

第三个是结构清晰，成员能清楚地了解他们在团队中的角色、当前的计划以及自己的工作目标，他们对团队的发展规划有着更清晰的认识。

第四个是意义，团队内部应该相互感激、相互鼓励，提升团队的目标感，并且强化个性化的价值和作用。

第五个是影响，在一些大中型的公司或者组织机构中，成员容易失去信心，因此团队内部需要进行讨论，需要强化每一个人的战略思维和信心，让成员觉得自己正在为更伟大的目标而服务，这样可以有效提升他们的工作积极性。

其实，这五个特征都包含了团队效能感。可以说团队内部的交流最重要的就是信心的强化以及对未来的期许。

那么该如何测量一个团队的效能感是高还是低呢？

有一种比较简单的方法是对每一个团队成员的自我效能进行测量，然后将所有人的自我效能相加，从得出来的总和中可以大致估算出团队效能感的高低。不过这种测量方法并不准确，因为团队内部存在相互协作、相互依赖的情况，彼此之间的相互作用能够有效放大每个人的能量，导致团队效能感大于每个人的自我效能之和，除非内部的依赖程度、相互作用非常低，这样的测量才会准确。

比如在一个团队中，成员A认为自己每年可以完成50万元的营业额，成员B认为自己可以完成60万元的营业额，成员C认为自己每年可以完成55万元的营业额，成员D认为自己每年可以完成50万元的营业额，如果对这个团队所有成员的自我效能进行分析，那么就可以得出团队效能感为215万元。

管理学大师柯里思1993年提出了用团队成员对团队效能感知觉的均值来衡量团队的效能感的观点。同样以上面的四人团队为例，如果某个成员认为每个人的自我效能平均值为每年50万元的营业额，那么四人团队的团队效能感为每年实现200万元的营业额。

　　还有一种测量方式就是团队成员之间进行互动并集体进行讨论和评价，通过制订团队评价量表来测量团队效能感。简单来说，就是团队成员在一起进行讨论，评估团队能够达到什么水平，能够完成什么目标。这种讨论往往会涉及各自能力的剖析，以及彼此之间的评价，因此可以更好地评估员工的自我效能，以及彼此合作所能达到的高度，相比于自我效能总和，这种测量方法更为合理。

　　需要注意的是，团队效能感往往也会产生一些负面的作用，一旦团队效能感过高，团队内部成员就会对自己的能力产生过高的期待和过高的评价，这样就容易导致膨胀心理的产生，并导致团队在决策和执行中犯下错误。而且过高的自我估计也会产生"小团队意识"，导致内部的分裂和低效，更重要的是，一个效能感过高的团队如果遭遇了无法解决的危机，可能会丧失执行力，导致团队效能感快速丧失。

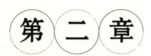

团队文化是高效能团队的助推器

高　　效　　能　　团　　队　　设　　计

培养彼此包容、集体为先的团队意识

对于任何人来说，想要提升团队的战斗力和效能，那么首先应该了解团队存在的意义和价值，明确团队以何种方式与形态存在，而这就涉及一个最基本的概念——"团队意识"。作为团队的灵魂思想以及存在的基础，团队意识是构建高效能团队的基本元素。

有人曾经对团队意识做过一个恰当的描述：

在团队中通常存在四个人，分别是"每个人""某些人""任何人""没有人"。假设有一项非常重要的工作要完成，那么从原则上来说，"每个人"都被要求去做这项工作，但事实上"每个人"都认为"某些人"会主动去完成任务，这样一来，"任何人"都有可能去做事，但当"每个人"都这么想的时候，反而"没有人"去做这件事了。

在这之后，"某些人"开始感到生气，因为这是"每个人"的工作，而"每个人"却觉得"任何人"都可以做这项工作，殊不知"没有人"能够领悟到"每个人"都不会去做事。到了最后，当"没有人"做这件"每个人"都应该去做的事情时，"每个人"都会想办法指责"某些人"。

这个绝妙的描述其实指出了团队意识的一个显性基因，那就是团队合作。在培养团队意识的时候，最重要的一点就是内部合作。合作是整个团队概念中的核心部分，只有懂得相互协作、相互依赖，整个团队才能变成一个被集体意识包裹的整体。一个优秀的高效能的团队必须形成一股合力，每一个队员都以团队利益为重，彼此合作，相互补充，拥有共同的奋斗目标，这样一来，整个团队才能形成足够的凝聚力，互相激发，内部的交流与执行才能够变得更加顺畅、更加高效。

个人的执行力并不能代表团队的执行力，个人的力量也不能代表团队的力量，团队的发展能量不能简单地将所有人的能量叠加起来，而是要求每一个人能够相互协作、相互补充，实现力量的最大化。如今，合作已经成为主流，有人做过调查，发现诺贝尔奖设立的前25年，合作获奖的只有41%，而现在合作获奖的已经占到80%。在其他一些更为常见的工作领域，合作更是不可或缺。

有个经济学家说过，团队合作并不是简单的5加5，其效果往往是5乘以5。在合作中，团队成员之间可以实现信息共享，资源共享，可以为自己发挥优势创造更好的条件，并且有效降低自身劣势带来的负面效应。合作带来了更多更好的机会，也增强了竞争力，实现了成本的最小化和利润的最大化。

在一个高度合作的团队中，最大的便利在于不同的人在做某一件事的时候，可能只需要关注其中某一个环节。比如专门负责提供资料，专门负责接待，专门联系客户，专门准备资源，专门调查市场，专门收集信息，或者专门进行技术验证。两个不同职能的员工，一个负责市场营销，一个负责产品研发，如果双方互不联系，坚持各做各的，那么负责营销的人可能会受制于产品质量、种类、功能等问题而难以发挥自己的能力，简单来说，就是营销能力很强，但是产品不受市场欢迎。如果双方进行合作，负责市场营销的人将市场的需求和环境反馈给负责研发的人，而负责研发的员工可以设计出最适合市场的产品，这样反过来又给负责营销的人提供了便利，提升了他的营销效率。领导者要做的就是将互补性强的人搭配在一起工作，提升效率和效益。

微软中国研发中心的总经理张湘辉说过："如果一个人是天才，但其团队精神比较差，这样的人我们也不要。中国IT业有很多年轻聪明的人才，但团队精神不够，每个简单的程序都能编得很好，但编大型程序就不行了。美国微软开发Windows XP时有500名工程师奋斗了两年，有5000万行编码。软件开发需要协调不同类型、不同性格的人员共同奋斗，缺乏领军型的人才、缺乏合作精神是难以成功的。"

不过，想要确保双方实现互补，有时候则要想办法克服"差异"和"冲突"这一类问题。由于每个人的特点都不同，其思维方式、个人水平、资源、地位、背景、性格、经验都是不一样的，因此免不了会出现差异，而且就算是那些有着合作愿望且具有双赢思维的人，也极有可能是完全不同类型的人。差异的存在就容易导致分歧和矛盾的出现，而矛盾冲突一旦出现，合作就会出现障碍。因此，人们对于冲突和差异的看法，往往决定了他们是排斥对方还是选择彼此容忍。想要培养有团队意识的领导者，就必须打造包容的内部文化，接受和包容更多不同的观点和想法，并且鼓励员工彼此接纳。

打造和培养内部的团队意识，还有一点也很重要，那就是确保个人利益服从集体利益，甚至于当个人利益和集体利益出现冲突时，大家也会毫不犹豫地摒弃私利。比如艾柯卡在接手克莱斯勒公司总裁一职的时候，公司的管理一片混乱，资金严重缺乏，为了推进内部的改革，艾柯卡将36万美元的年薪降为1美元，此举让其他管理者大受感动，所以大家也纷纷降低工资，为公司的发展尽量腾出更多的资金，不仅如此，他们还努力投身于工作之中，改变了过去只为自己的利益考虑的观念和做法。正因如此，克莱斯勒公司很快从一家濒临破产的企业成长为美国三大汽车巨头之一。

团队意识是高效能团队最重要的一个标识，也是团队能够运行的基本元素。没有团队意识的组织只能算是群体，而群体具有盲目性、混乱性、非统一性等缺点。团队领导者如果想要打造一个高效能团队，就要确保内部的文化具备"团队合作""集体主义"的基因，这才是提升团队价值的关键。

打造归属感，提升员工的积极性

德国经济学家哈恩曾经对德国国家发展银行（KFW）做出这样的批评："在这家银行，上到董事长，下到操作员，没有一个人是愚蠢的，可悲的是，几乎在同一时间，每个人都开了点儿小差，结果加在一起就创造出了'德国最愚蠢的银行'。"

哈恩之所以会提出如此尖锐的批评，就在于2008年9月15日上午10时，遭受金融危机冲击的美国第四大投资银行———雷曼兄弟公司，无奈向法院申请破产保护，这一消息成了当时最轰动的新闻，全世界各大电视、电台媒体以及网络几乎在第一时间就跟踪发布了这条惊人的消息。

与此同时，很多银行、企业、个人也迅速终止了与雷曼兄弟公司的业务往来，可令人匪夷所思的是，10时10分左右，德国国家发展银行居然按照外汇掉期协议的交易，以计算机自动付款系统直接向雷曼兄弟公司的银行账户转入3亿欧元。要知道这家公司的账户马上就要被冻结了。毫无疑问，这笔钱将有去无回。德国国家发展银行的愚蠢举动迅速引起了德国社会各界强烈的不满，德国财政部长亲自调查此事。

不久之后，法律事务所的调查员开始询问银行各个部门的数十名职员，主要是询问他们在那10分钟内做了什么，并将对方的谈话记录下来。之后调查员拟定了一份调查报告递交给国会和财政部，而报告的内容让人感到无语。

首席执行官乌尔里奇·施罗德说："我知道今天要按照协议约定转账，至于是否撤销这笔巨额交易，应该让董事会讨论决定。"

董事长保卢斯说："我们还没有得到风险评估报告，无法及时做出正确的决策。"

董事会秘书史里芬说："我打电话给国际业务部

催要风险评估报告，可那里总是占线，我想还是隔一会儿再打吧。"

国际业务部经理克鲁克说："星期五晚上准备带上全家人去听音乐会，我得提前打电话预订门票。"

国际业务部副经理伊梅尔曼说："我忙于其他事情，没有时间去关心雷曼兄弟公司的消息。"

负责处理与雷曼兄弟公司业务的高级经理希特霍芬说："我让文员上网浏览新闻，一有雷曼兄弟公司的消息就立即报告，现在我要去休息室喝杯咖啡了。"

文员施特鲁克说："10点03分，我在网上看到了雷曼兄弟公司向法院申请破产保护的新闻，马上就跑到希特霍芬的办公室，可是他不在，我就写了张便条放在办公桌上，他回来后会看到的。"

结算部经理德尔布吕克说："今天是协议规定的交易日子，我没有接到停止交易的指令，那就按照原计划转账吧。"

结算部自动付款系统操作员曼斯坦因说："德尔布吕克让我执行转账操作，我什么也没问就做了。"

信贷部经理莫德尔说："我在走廊里碰到了施特

鲁克，他告诉我雷曼兄弟公司破产的消息，但是我相信希特霍芬和其他职员的专业素养，一定不会犯低级错误，因此也没必要提醒他们。"

公关部经理贝克说："雷曼兄弟公司破产是板上钉钉的事，我想跟乌尔里奇·施罗德谈谈这件事，但上午要会见几个克罗地亚客人，等下午再找他也不迟，反正不差这几个小时。"

正是银行内部每一个人都缺乏责任感，才使得一个简单的错误没有及时被发现和制止，最终给整个银行带来了巨大的损失。这样的表现无疑表明了银行内部的相关管理层和职员缺乏最基本的归属感，他们对于自己所在的银行并不关心，而这样的情况在很多团队中都很常见。

当然，当团队管理者在抱怨自己的队员缺乏最基本的责任感和归属感，遇到事情根本不会尽心尽力，不会像对待自己的私人事务那样用心时，其实更应该反思自己的管理能力，他们可能忽略了对内部成员归属感的培养。

归属感是团队文化的一个重要组成部分，它的形成不是一蹴而就的，一个员工不可能刚入职就会产生归属感，它的形成需要一个渐进的过程，这也是一个了解和融合的过程。它一般分为三个层次：最低层次的归属感就是团队中的个人对团队相关信息的大致了解，个人追求的是团队薪酬、福利、文化、价值观与自身基本状态的契合度，一旦自己的物质和精神需求得到满足，个人将义无反顾地加入团队当中。

第二层次是指团队中的个人开始对团队进行全面认知、熟悉的过程。团队会进行各种培训，帮助队员逐渐感受、感知、熟悉、适应各个方面，此时，团队中的成员会对内部的经营理念、决策、精神文化和制度规范产生基本的认同感。

最高层次是指团队成员在生理、心理、感情、人际关系等方面的需要得到满足后，会对团队领导者的思维方式和团队的核心价值观产生深层次的认同感，并由此引发个人安全感、公平感、存在感、价值感、成就感、满意度的提升，最终形成强烈的归属感。

比如某个员工进入一家公司后，首先会了解公司开出的薪资条件是否具有吸引力，会看看公司的企业文化是否优秀，然后他会凭借着第一印象留在公司，这是最初的印象。在工作一段时间之后，公司会有针对性地进行培训，让员工更好地融入新的工作环境。更详细地了解内部的理念、制度、文化后，如果员工产生了认同感，证明他对这家公司有好感。但这种好感并不是归属感，因为员工并不清楚自己是否能够得到尊重，自己是否会获得发展的机会，因此他工作的出发点多数时候还是为了自己，或者为了证明自己是否获得了重视，这是简单的验证阶段。只有等到自己的相关需求得到满足后，他才会对团队的经营理念、工作氛围、文化底蕴产生共鸣，并结合自己的存在感、成就感和受到的尊重产生更高级的心理体验——归属感。这个时候，员工才愿意更加积极主动地工作，才愿意将自己的利益追求与团队的目标紧密结合起来。

如果将归属感说得更加通俗一些，那就是主人翁意识。简单来说，一个出色的团队管理者应该鼓励内部成员成为团队的主人。而这种鼓励需要从多方面入手，比如物质利益的满足。物质是员工加入团队最基本的需求，因此领导者必须积极维护员工的物质利益，为员工提供更好的发展平台，给予更多的发展机会，这是对团队成员能力的一种最起码尊重。另外平时要注意关心员工的生活与工作，帮助他们解决各种问题，这是赢得员工信任的一种方法；在工作中，要积极与员工进行沟通，听取员工的建议和意见，鼓励他们参与更多的内部决策；要经常赞美员工，多说一些"我们"，让员工感受到存在的价值。

美国管理大师托马斯·彼得也说过："一个伟大的组织能够长期生存下来，最主要的条件并非结构、形式和管理技能，而是我们称之为信念的那种精神力量以及信念对组织全体成员所具有的感召力。"领导者有必要引导和激励员工融入团队的发展规划之中，融入团队的日常行动理念之中，这种融合最终会培养出更多有归属感的员工。

创建创新文化，让团队更具活力

随着社会的不断发展，创新成为一个重要的词。无论是个人、团队还是组织，都非常注重创新的力量。只有不断创新才能保持团队的竞争优势。不过想要实现创新，想要拥有完美的创造力往往很难，很多团队和组织仍旧处于创新能力不足的状态。

一个人如果缺乏创造力，可能意味着他没有创新意识，但一个团队如果缺乏创造力，大都不是因为内部成员不具备创造的能力，而在于整个团队缺乏创新的文化和氛围。如果整个团队趋于保守或者不重视创新，那么内部成员的创造力就会受到压制。因此想要提升团队的创新水平，最重要的是打造良好的创新文化，这样就可以营造良好的创新氛围，就可以激发内部员工的创造潜能。

比如谷歌公司鼓励员工进行创新，为员工设定了许多宽松的工作环境，员工在工作的时候具有很强的自由度，不用像一般的上班族一样受到各种约束。为了给员工提供更好的创新条件，很多时候，公司规定员工可以自己制订研究的方向，然后上报给相关部门的管理者，获得审核之后就可以获得足够的研发资金。

谷歌公司有一个著名的实验室Google X，正是在这个实验室中诞生了无人驾驶汽车和Google Glass。许多人都不清楚Google X中间的"X"究竟是什么意思，其实"X"代表的是罗马数字里的"10"，这个数字的含义是说实验室研发的技术必须比市场上现有的技术好上10倍，速度要快10倍，这样的创新要求极大地激发了谷歌公司内部的创新意识和创新氛围。

一些团队管理者常常会特意给队员留出一定的"创意时间"，让队员做自己喜欢做的事情。谷歌公司就拥有一项著名的20%政策，即每个员工都有权利在其工作周内花费20%的时间来完成其主要任务以外的项目。这样做的目的就是让员工有足够的时间脱离工作任务的束缚，在自己喜欢做的事情上发挥出更多的创造力。正是依靠这种方法，谷歌公司建立了新型的核心功能：Gmail 和 AdSense。

20世纪90年代，朗讯公司的贝尔实验室是全世界著名的创新团队之一，公司的很多技术都引领了世界的发展，其中的重要原因就是整个实验室一直都处于非常活跃的状态，所有员工不用上级领导吩咐，就可以保持一种良好的工作状态，所有人都在为研发新东西而努力。

这些高效能的创新团队都非常注重创新能力的培养，非常注重对创新文化的打造。不过，创新文化并不是无缘无故出现的，想要让团队具备创新的意识和氛围，还要懂得把握创新的驱动机制。

——学习和模仿

一个团队的创新最初往往都是从学习和模仿中形成的，如果能够鼓励所有成员主动学习和模仿，借鉴他人的技能和经验，学习他人的思维，模仿他人的模式，并逐步改进，就会提升内部的创新能力，也会慢慢打造创新文化。

世界上那些伟大的公司大都经历过学习和模仿的阶段。由于一开始缺乏技术基础，也缺乏创新的氛围，团队管理者会要求队员向那些更出色的团队学习，模仿他们的技术产品，模仿他们的模式，通过学习积累更多的技术基础，同时慢慢营造出良好的创新氛围。学习、模仿并适当进行改进，这往往是最初级的创新，也是推动内部创新文化繁盛的方式。

日本和美国都是世界上最出色的创新国家，这两个国家的企业具备强大的创新文化，但它们的创新文化并不是一开始就建立的，而是经过效仿和学习欧洲的先进技术、先进文化而形成的。

在中国，也有很多企业成了世界上创新能力很强的组织，而这些企业一开始也是从学习和模仿开始的，比如华为公司如今的创新能力在世界上首屈一指，而它最初也是通过学习西方企业的先进发展模式才慢慢壮大的。

——恰到好处的激励

激励也是刺激创新文化形成的重要因素，一个团队如果可以提供更好的待遇，可以满足成员的利益需求，那么必定会刺激他们提升创造的积极性。换句话说，当员工意识到自己只要创造出更多更好的东西就可以获得更多的奖励时，就必定会激发出更大的主动性。

有关创新的激励往往令人联想到物质激励，但是在很多时候，尤其是为大型企业工作的时候，金钱的激励作用未必能发挥决定性的作用，甚至可能起反作用。著名撰稿人丹尼尔·平克（Daniel Pink）在《驱动力》（*Drive: The Surprising Truth About What Motivates Us*）一书中指出，人们在创造性任务上的表现可能会因为金钱的刺激而不断下降，因为过度的金钱激励会降低人们的专注度，使得人们单纯地将获得金钱当成工作的唯一动力，而非为了创造新的东西来获得更多的认同感和存在感。

一些跨国公司内的创造者会选择放弃财务的上升空间，而换取为大公司工作的机会。公司为他们支付合适的薪水是一项最基本的要求，但是对于创新激励而言，一味将希望放在金钱上或许并不明智。团队管理者在营造更好的创新文化时，应当同时在精神上给予员工鼓励，应该赞美和尊重员工的创新行为，应该想办法借助精神激励帮助他们建立一种强大的使命感。比如当一个人提出奇思妙想的工作方案时，领导者要做的不是给予讽刺或者否决，而是应该以包容的心态来面对，在必要的时候应该在整个团队或者整个公司传播这种新理念。

一些非常聪明的团队会特意举办非常隆重的创新产品发布会以及创新颁奖典礼，给予创造者展示自我的机会，宣扬他们的理念和成功的故事，而这样做为的就是让那些创造者感受到自身的价值，感受到来自团队的尊重。研究表明，选择和自主权会对初创企业员工的幸福感、积极性和创造力产生积极的影响。

——良好的内部沟通

内部的沟通和辩论有助于形成良好的竞争关系，从而刺激人们产生更多的创意，当某个人提出一个不错的观点时，如果其他人能够指出其中的错误，那么这个人肯定会想方设法对自己的想法进行改进。当团队内部每一个人都处于这样的交流模式当中时，整个交流氛围和创新氛围就会慢慢形成。

创新还离不开良好的组织弹性，创新文化虽然是精神层面的东西，但是它来源于创新者本人，人才才是创新能力和创新文化得以形成的关键。那么如何才能培养和激发人才的创新意识并发挥创新能力呢？其中一个有效做法就是增强组织弹性，给员工更好的创新环境，比如岗位轮换制，比如给予员工更多的职位自主选择权，给予员工更多的决策权。

除了以上几个要素之外，创新还需要充分的资源保障。创新文化也需要建立在资源充足的基础上，资金、资源、技术、人才、设备都是创新不可缺少的元素。假设员工创新的主动性很强，可是没有资源和平台来实践，久而久之，他们的热情就会减弱和消失。可以说，一个高效能团队想要建立内部良好的创新文化，不能仅仅依靠创新意识的培养，还应该提供切切实实的资源来帮助人们将创新的想法付诸实践，这样才能真正形成稳定的、良性的创新文化。

建立强大的执行力文化

一个人的团队效能取决于什么要素呢？有人说效能源于对效率和效益进行管理，管理中又涉及目标管理、流程管理、绩效管理、服务管理、计划管理这些内容，它们都是为效率和效益的提升做准备的。可是如果进一步进行分析就会发现，所有的这些管理最终都要落到实践中。另外，行政管理、成本管理、文化管理、质量管理、财务管理、组织管理、人力资源管理、营销管理等诸多内容，它们最终也会落到实践当中。

换句话说效率和效益的提升也需要在实践中进行检验，而这里所说的实践就是执行。可以说团队管理的任何大小事务最终都会和执行力产生联系。执行力是指执行者贯彻战略意图，并且按期完成预定目标的一种实践操作能力，进一步来说就是指执行者有效利用资源，保质保量达成目标的操作能力。在这里涉及两个重要的观念：保质、保量。在一个团队运作流程中，执行是把战略、规划转化成为最直接的效益和成果的重要环节。

社会学家库尔特·勒温曾提出一个很有意思的概念：力场分析法。他认为一个人身上往往具备两种常见的力量，即阻力与动力。每个人身上的比例都不相同。有的人可能更加自信一些，他们善于制定合理的决策，而且总是会推动自己采取积极的行动，而有的人恰恰相反，常常缺乏行动的决心和勇气，遇事喜欢拖泥带水。团队往往也是如此，执行力强的团队往往具备强大的执行意识，能够在第一时间完成预定的目标，而那些执行力薄弱的团队常常表现出犹豫、拖延的状态，它们经常处于急刹车状态，工作效能很低。

提升一个人的执行力并不难，但是每个人的执行状态、执行意识和执行水平都不一样，因此提升整个团队的执行力往往会面临巨大的挑战。这个时候，单纯的人才培养并不会奏效，团队需要重点打造强大的执行文化，通过执行文化的塑造来引导人们的实践行动。

在高朋所著的《管团队，管的就是执行力》这本书中，作者这样说道："团队执行力是指一个团队把战略决策持续转化成结果的满意度、精确度、速度的能力与水平，它表现出来的就是整个团队的战斗力、竞争力和凝聚力。由于它涉及了个人执行力的提升，也涉及团队体系对个体执行水平的影响，管理者在处理执行力问题时，应该将其当成一个系统工程来对待。"而打造这样一个系统工程，无疑需要建立更好的执行文化。

　　文化是一个团队得以长久发展的灵魂因素，其中，执行文化更是团队发展的关键因素。毕竟只有拥有出色的执行文化，才能够保证团队的竞争力，才能保证团队内部相关的政策、规划变成现实。沃尔玛公司的服务团队能够全心全意为客户服务，认为客户的观点最重要，靠的就是深厚的执行文化；麦当劳的外卖随叫随到，这就是一种出色的执行文化；特斯拉公司多年来一直都站在电动汽车的巅峰，依靠的还是强大的执行文化。当一个团队拥有好的执行文化时，团队中的每一个成员都会受到感染，每一个人都会自觉地融入整个团队的执行体系中。

　　不过执行文化并不是先天产生的，它源于团队内部共同的执行模式和内部的精神层次，具体来说，执行文化的产生因素离不开一些要素，最重要的就是要建立共同的价值观。从某种程度上来说，企业文化就是一种价值观，当人们组建团队之后，就会在追求目标的过程中进行漫长的实践和沟通，久而久之，团队内部不同的人之间往往会形成一个共同的价值观，这个时候，一些大家都遵循的理念会占据主导地位，而所有的内部成员都会对它们进行梳理、引导、引申和规范，使其更加符合实情，并演化成团队内部的执行文化。

团队内部的执行文化主要源于人们的价值观，尤其是人们对执行工作的价值观。当一个团队具备良好的价值观时，整个团队的执行状态就会好一些，执行的效率和效能也会更上一个层次，人们会在这些价值观的引导下建立一种良性的主动的执行氛围。

可口可乐是世界上最大的饮料公司，它的分销网点数量位居全球首位，但公司内部的管理人员和营销人员始终将市场份额的扩大作为公司发展的重要指标，所有人都有着"为可口可乐公司多销售一瓶可乐"的积极心态，可口可乐公司的核心价值观就是"言而有信，业绩至上，以人为本，共创多赢"，每个人都以开拓市场、创造佳绩为目标。有人戏言，可口可乐公司的员工是世界上最具有干劲的人，他们比安利公司的推销员还要更加努力，更加负责，更加有冲劲。在世界的很多地方，人们常常可以看到一些可口可乐的管理人员或者员工在马路上询问过路的老大妈为什么不去购买他们的产品，而这样的传统已经延续了好几十年。很显然，在共同价值观的作用下，整个销售团队已经形成了类似的执行文化。

另外，执行文化的建立离不开制度的保障，任何一种文化的确立都来源于行为，个人或者团队只有表现出具体执行和行动的行为，并且将这种行动变成一种习惯，才会慢慢形成强大的文化。推动内部成员积极自主地采取行动，并且形成执行的良好习惯，就需要强有力的制度约束，只有明确规定要做什么、如何去做、什么时候做、在哪里做等要求，只有对员工的具体行动设定明确的标准，才能够确保内部行动符合预期的希望和要求。

一个团队如果具有完善的制度，且人们愿意服从这些制度办事，那么就可以证明这个团队的执行状态是良好的，可以发现这个团队的执行文化是优秀的。如果没有制度作为基本的约束和保障，那么执行文化的形成将成为空谈。比如最常见的就是规章制度和内部的绩效考核制度，规章制度会明确规范内部成员的行为，要求成员该做什么、不该做什么。而绩效考核制度更是明确了做事的目标，任何不能达到目标的人都无法获得认同，且容易受到相应的惩罚，这就迫使每一个人都按照要求完成任务，并且确保团队内部的每个人都可以向高效能的方向努力。

给团队注入狼性基因

为什么很多团队在初创期具有强大的竞争优势，到了后期却渐渐沦为平庸？为什么每年都有一大堆被人看好的团队退出竞争市场，而那些之前被人忽视的团队却突然之间成了行业中不可忽视的力量？为什么同样的资源和同样的任务，有的团队能够在最短时间内完成任务，而有的团队却总是拖拖拉拉？

团队管理者不妨扪心自问一下，现在的财富还有以前那样好获得吗？现在的机会是不是可以轻松把握住？现在的行业是不是正在慢慢发生变革？五年前的行业竞争环境与当前的行业竞争环境相比如何，现在的竞争环境和五年之后相比又会如何呢？

很多团队之所以会出现竞争力下降或者竞争力不足的情况，主要原因恐怕在于竞争意识不足，而导致竞争意识不足的主要原因是狼性文化的缺乏。简单来说，一个团队过于懦弱、保守，过于消极、被动，就可能会在竞争中畏首畏尾，会在竞争环境中落于下风，并且难以赢得更多的生存机会。

如今，有很多组织和企业都推崇狼性文化，都努力将自己的团队打造成一支具有狼性精神和狼性基因的队伍，对他们而言，狼性就是团队高效能的一个重要保障。

狼性精神首先在于敏锐的嗅觉。狼的嗅觉非常灵敏，能够轻易发现猎物，团队如果能够像狼一样敏锐，那么就可以更好地发现市场，并且把握住发展的机会。狼性精神还体现在团队合作和群体奋斗意识上。狼群是世界上配合最好的群体之一，一个团队想要提升效能，必须努力提升内部的合作意识与协作水平。

狼性精神最重要的一点在于不屈不挠、奋不顾身的进攻精神。在竞争激烈的市场环境中，任何一个团队都需要表现出一定的进攻性，要敢于接受挑战，敢于直面对手，表现出参与竞争的积极性和追求目标的果断力，并且在追逐目标的时候，应该表现出不达目的誓不罢休的进攻状态。

总的来说，一个高效能团队应该像狼群一样，以敏锐的目光搜索市场，一旦发现目标，就要全力出击，表现出强大的竞争性。狼群奉行的是优胜劣汰的自然法则，它们坚信生存的重要法则就是先于别人把握机会，然后比任何人都要表现得更加执着。

Facebook公司多年来一直都在积极进行快速扩张，整个公司的发展速度非常惊人，并且迅速占领了网络社交市场。Facebook公司的运营哲学就是快速前进。按照扎克伯格的理解，如果一个团队没有犯下什么错误，那就是因为它还前进得不够快，这种快也可以理解为进攻的欲望和速度。扎克伯格认为这是一个团队获得发展并保持竞争性的基本要求，他也要求所有的员工保持快速进攻和快速扩张的姿态。

在快速扩张的道路上，Facebook公司免不了和一直想要在社交网络有所作为的谷歌公司进行对抗，那个时候谷歌公司推出了很多款社交软件，Facebook公司并没有后退半步，它不仅采用了微软公司的必应作为站内标准搜索引擎，还从谷歌公司挖了不少人才。正因如此，Facebook公司很快成为社交网络的佼佼者。

在国内，华为公司是最具竞争力的公司，也是最具狼性精神的团队，在过去三十年里，华为从一家只有两万元资金的小企业变成了全球最大的通信设备制造商，依靠的就是强大的狼性文化。任正非曾提出了著名的"薇甘菊战略"，薇甘菊是一种生命力很旺盛且繁衍能力超强的野草，只需要一丁点儿的养分和空间就可以快速生根发芽，迅速占领大片的地盘。而华为也正是依靠着高速扩张，在短时间内迅速控制了亚洲、非洲、美洲、欧洲等大片市场。

有很多竞争对手直接将华为公司比作狼，他们对华为公司做出了这样的描述："他们的营销能力很难被超越。人们刚开始会觉得华为人的素质很高，但对手们换了一批素质同样很高的人，发现还是很难战胜他们。最后大家明白过来，与他们过招的，远不止是前沿阵地上的几个冲锋队员，这些人的背后是一个强大的后援团队，他们有的负责技术方案设计，有的负责外围关系拓展，有的甚至已经打入竞争对手内部。一旦前方需要，马上就会有人来支援。"

现如今，狼性文化成了很多企业和团队非常看重的团队文化之一，而且也是竞争文化中最重要的组成部分。世界上最具竞争力的企业或团队，大都具备狼性文化，都坚持运用狼性文化来改造团队。这种狼性文化不仅仅是口号或者理论，也不仅仅是制度的制定，而是要实实在在地通过工作实践表现出来。这些方式是打造团队狼性文化的重要保障。

营造宽松的工作氛围

在某一次阿里巴巴的内部会议上，创始人马云谈到了员工跳槽与工作状态不佳的问题，并特意针对这个问题说出了自己的想法："一、钱，没给到位；二、心，委屈了。这些归根到底就一条：干得不爽。员工临走还费尽心思找靠谱的理由，就是为给你留面子。不想说穿你的管理有多烂，他对你已失望透顶。仔细想想，真是人性本善。"

在马云看来，员工之所以会跳槽就是因为工作不愉快，而这种不愉快在于金钱以及尊重，金钱决定了一个人最基本的生存质量，尊重决定了一个人最基本的精神满足。这两个因素是确保团队活力的关键要素，也是打造团队良好的工作氛围的基础。

其中金钱上的刺激是一种比较直接的因素，它可以激发员工最原始的热情。一个员工如果连最基本的物质也得不到保障，那么他的工作积极性肯定会大打折扣。对于多数员工而言，工资问题是影响工作心态的最大因素，如果一个团队的工作氛围很糟糕，那么很多时候是因为待遇不好，团队内部的成员缺乏工作动力。

许多人认为在一个团队文化中，是不适合谈论物质要求的，但追求更高的工资本身就是人们投入工作的一个基本动力，也是构建内部文化的一个必要因素。无论是IBM公司、微软公司、苹果公司、谷歌公司，还是其他大型公司，它们都主张为员工提供更好的物质基础，都主张用工资待遇的优势来打造自己的人才储备计划和执行文化。

精神上的尊重同样会影响人们的工作状态，这类尊重包含的内容很广泛，但最基本的一条就是让员工觉得自己具有存在感，觉得自己可以拥有更多自主的选择权。比如内部的合作意识很强，每个人都会觉得自己是不可或缺的一个环节，因此每个人都会感受到自身的价值，并且产生更为积极的工作状态；有的管理者会进行放权，将一些权力和任务分割给其他成员，这对于其他人来说是证明自身能力的好机会，是感受来自团队的尊重的一种重要方式；有的团队会提供一个自由宽松的工作环境，会提供一个包容性很强的环境，每个人都有一定的自由度，都可以发挥自身的优势和特点。对于一个快乐的团队来说，整个团队是开放和包容的，内部的文化是丰富和多元的，每个人都可以找到证实自己价值的东西。

丽思卡尔顿酒店的前饭店总裁霍斯特·舒尔茨曾经说过："领导就是创造一种氛围，在这样的氛围里组织里的人都想成为组织的一部分，而不仅仅是为这个组织效力。人们有成就感，而且有目标感。我必须确定目标，而不只是工作。如果你看到员工只是在履行职责，你就会把他们当成是一个东西来看待。我们发现员工最感到满足的事是感觉是组织的一部分，感觉到上司的信任，从而参与决策并贡献才智。每个人在他们特定的领域都是知识工人。"

霍斯特·舒尔茨认为好的领导者应该创造一种好的工作氛围，而这种工作氛围首先应该给所有人带来快乐。只有所有人感觉到快乐，才会认为自己值得为团队做出贡献，也才会产生更多的归属感。

快乐的工作氛围不能仅仅依靠领导者来打造，执行者也应当主动在工作中寻找快乐和刺激，这是提升团队向心力、归属感和执行力的重要方式。有时候执行者会觉得工作变得越来越枯燥乏味，这就可能会引发懈怠、拖延、违反规定和拒不执行命令的情况，而这样的状态不足以支撑团队走得更远，一旦队员的耐心耗尽了，就容易产生倦怠感和厌恶情绪。而注重自我价值实现的人则可以将相关的工作当作自己的事业来对待，这样的人所组建的团队往往具备高效能。

如果执行者能够主动发现自己工作中的乐趣，就愿意继续保持工作的热情和专注度。这里所说的寻找快乐和刺激指的就是一种热情，一种投入的状态，而团队管理者要做的就是培养员工的这种热情，比如鼓励员工激发内心自我实现的价值需求，并且能够为员工实现自我价值提供帮助和平台。

百度创始人李彦宏曾经这样说："宽松的公司文化是适合百度的，而且极具感染力，可以很快感染新进百度的员工。维护纪律和权威不是目的而是一种手段，真正的目的是高效率、增强竞争力。外部环境变化不快，纪律严格、按部就班可能效率最高。但是百度所处市场在迅速发生变化，每一个百度人都要有相应的自由度，能根据环境的变化随时对工作做出调整。凝聚力不是基于规章制度，而是基于自发的冲动和创业激情。"

不仅如此，内部员工关系的好坏也非常重要。当内部的关系比较和谐时，整个团队的合作氛围、社交氛围都会得到提升，团队工作效能自然也会得到提升。澳大利亚最大的信息技术咨询与服务公司Datacom的总经理克斯蒂·杭特曾经发现自己在工作中的投入程度不断下降，越来越觉得工作不开心，杭特非常疑惑地说："作为Datacom的总经理，我看到在公司成长的过程中，员工的工作压力和紧张程度逐年增加，于是我开始怀疑，自己到底给这家公司增加了什么价值？我想这是一个关键时刻，我必须反思自己到底扮演了什么角色，我对公司的作用又在哪里。"通过自我反省，她努力了解员工的真实想法和感受，了解员工在工作中是否快乐，并且认真思考碰到这些状态又该如何进行处理。

杭特发现，好的员工关系是保证员工快乐、投入的必要条件。而员工关系的好坏，则与管理者的能力和行为息息相关。为了验证这一点，杭特将目光锁定在那些能够让员工既快乐又高效的经理人员身上，了解这些管理者对公司的真正价值所在。她说："我找到这些优秀的经理人员，询问他们是怎么做到的，该如何复制他们的成功经验。当然，我也很关心这类经理人想要什么，他们对公司的投入和忠诚度如何。因为，这些正是我最想留住的人才。"

通过研究，她发现公司内部那些"快乐"的工作团队有一个重要特征，那就是团队管理者通常非常熟悉自己的下属，他们能够和内部的每一个员工打好交道，彼此构成了一个坚实的友谊网络。而员工之间同样产生了良好的互动和情谊，这使得团队变成了一支更加稳定团结的队伍。

在过去很长一段时间内，很多人在谈到快乐的团队时，会认为绩效最佳的团队必定有着最好的工作氛围，事实并非如此，那些年度绩效最佳的团队，未必就是最快乐的团队，而那些快乐的团队，却总是能够保持良好的绩效水平。一些管理人员只知道通过数字、通过结果来管理员工，在某些方面，这些方法会起到一定的效果，但这些效果往往不会持久。最重要的还是应该注重内部的物质激励，注重对内部成员的尊重，注重内部关系的打理。

当然，想要了解内部员工是否快乐，想要确定团队是否拥有快乐的工作氛围，可以选择一些简单实用的工作方法，比如Q12法就是比较常见的方法。盖洛普公司曾经对400多家公司、80000多名管理者进行深度访谈，归纳出12个问题来测量员工的满意度、敬业度和参与度，而这12个问题后来成为各个企业、团队一项重要的测量标准。这12个问题包括：

——我知道对我的工作要求吗？

——我有做好我的工作所需要的材料和设备吗？

——在工作中，我每天都有机会做我最擅长做的事吗？

——在过去的六天里，我因工作出色而受到表扬吗？

——我觉得我的主管或同事关心我的个人情况吗？

——工作单位有人鼓励我的发展吗？

——在工作中，我觉得我的意见受到重视吗？

——公司的使命目标使我觉得我的工作重要吗？

——我的同事们致力于高质量的工作吗？

——我在工作单位有一个最要好的朋友吗？

——在过去的六个月内，工作单位有人和我谈及我的进步吗？

——在过去的一年里，我在工作中有机会学习和成长吗？

通过这12个问题，管理者可以有效了解团队成员的工作情况和所在团队的工作氛围，并及时做出调整和改善。

第 三 章

制度管理，为高效能工作提供保障

高　　效　　能　　团　　队　　设　　计

权责明晰，强化追责管理

一家生产不锈钢产品的公司最近业绩越来越糟糕，销售额不断下降，董事长于是召开内部会议，希望大家可以找到原因。在会议上，当董事长针对当前糟糕的销售状况提出批评时，营销部的张经理率先站起来说："最近公司的销售比较糟糕，我们的确负有一定的责任，但是严格说起来，最主要的责任还不在营销部这儿。如果站在我们的立场上，就能够感受到我们的难处。现在的市场竞争非常激烈，而且竞争对手们也纷纷推出了各款新产品，这些产品比我们公司的产品要好很多，面对这样的竞争状况，营销部实在无能为力。我们真的尽力了，但是还不足以抹平产品上的巨大差距。"

听到这样的话，研发部门的胡经理有些坐不住了，他明显听出了营销部准备将责任推到自己这边，于是忍不住进行辩解："我们能够理解营销部的困难和处境，毕竟研发部最近基本上没什么大动作，推出的新产品非常少，也没有什么太具竞争力的新产品出现，但这并不能怨我们。我也希望其他部门能够体谅我们的难处。你们可以想一想，公司财务部每年就给我们拨那么一点儿钱，而且最近几个月一直都在逐月减少，这让研发部'巧妇难为无米之炊'！"

胡经理的话刚说完，财务部门的汪经理忽然站了起来说："我得承认最近各部门的预算减少了，这也使得各部门运作受到影响，不过财务部这样做并不是没有苦衷的。各位是不当家不知柴米油盐贵，你们可以看看公司的账本，看看公司最近几个月不断上升的成本和开支，财务部根本拿不出多余的钱供你们发展。"

这时，采购部门的何经理忍不住抱怨："难道你们都觉得问题出在采购部这里吗？我得承认这几个月来公司的采购成本是上升了10%，但这并不是我们能够左右的。麻烦各位好好打听一下，现在的原材料上涨的幅度非常惊人，而原因就是非洲那边生产铬的矿山在三个月前出了问题，现在已经被迫停产了，这影响到了整个市场的原料供应，并间接导致不锈钢价格快速上升。"

董事长听了非常生气，他愤怒地拍着桌子说道："按照诸位所说，整个公司的人都没有责任了是吧，我们只能去责怪那个矿山不该发生爆炸了。"

权责不清晰是团队工作面临的一个巨大障碍，许多团队在发展过程中都会遇到这样的问题，一旦内部工作出现了差错或者某个项目无法顺利完成，这个时候可能会快速找到问题出在哪儿，但往往难以找到真正的责任人，每一个参与者和执行者都会想方设法推卸责任，都会将错误推到别人身上，确保自己不会遭到惩罚。而一些团队管理者对此也没有任何办法，他们同样无法找到一个需要对错误负责的人。

这是管理混乱无序的一个缩影，也是管理不到位的典型现象，对于团队的发展非常不利。一个团队中如果找不到相关的责任人，那么下一次同样的错误还会出现，而且还可能产生连带效应，引发更多类似的问题。团队为了完善相关的漏洞，不仅要及时找出错误所在，还要找到对这个错误负责的人，这样才能有效止损，才能有效完善内部的管理框架。不过寻找责任人并不是单纯地为了找一个犯错者和担责人，而是为了有效规范内部的管理，明确内部的权责，使得内部的管理更有针对性。

那么该如何进行追责呢？最实用的方式就是明确每个人的权责，了解每个人需要做什么，处在什么岗位上，需要对什么事情负责。而明确权责就需要一个健全的权责体系，其中相关的制度一定要制定完善并落实到位，这是追责管理中最重要的一个部分。一个高效能团队会完善自己的制度，明确要求每个人对自身的行为负责到底，而这种制度可以纳入流程管理当中。一个团队如果具备完善的流程管理制度，就可以有效推动内部工作的进行，并且建立非常明晰的权责体系。

任何一个团队都有自己的工作流程以及工作流程管理模式。团队内部的所有业务都是通过流程来推动的，通过流程，人们可以把相关的文档、产品、财务数据、任务、人员、客户、项目等信息，以某种方式从一个人（或部门）输送到其他人员（或部门），在得到相应的结果以后，整个信息和数据会返回到相关的人（或部门）手中，有人甚至将流程当成人体内部的血液循环。简而言之，流程是一个团队需要完成某项任务时所有环节的总和。任何团队都有属于自己的流程，而且团队内部、团队与合作商之间都是依靠流程来完成数据的流转和分享的。一旦信息流转不畅，团队的流程也就会出现问题。

而这个时候就需要对流程进行控制和管理，需要以更加科学的方式推动流程，这就是流程管理。流程管理用更加学术化的话来说，指的就是一种以规范化的构造端到端的卓越业务流程为中心，以持续地提高组织业务绩效为目的的系统化方法。在这个操作性的定位描述中，包含了流程分析、流程定义与重定义、资源分配、时间安排、流程质量与效率测评、流程优化等多个定义与内容。听上去非常复杂，但是简单来说，任何一项工作都有一个执行的过程，从最初的计划设定到执行结果出炉，整个过程都需要进行管理和控制。

流程管理的目的也很简单，就是要反映业务的本质，对这个本质进行还原以后，该是谁的就是谁的。它是一种高效的管理原则和管理模式，可以明确流程的各个环节以及环节的负责人，即这个工作究竟让谁来做、应该做些什么、应该在什么岗位上做、应该什么时间去做、主要为谁服务、应该怎么去做、应该如何去配合别人。当所有人在流程管理上明确了自己的职责后，就可以形成比较完美的分工协作，并且使得整个工作形成一个环环相扣又相互促进的工作体系，同时可以在第一时间了解各个环节的相关情况和负责人，从而有效进行奖赏和追责，确保每个人都可以对自己的工作认真负责。

实行末位淘汰制，推动内部竞争

美国通用电气公司是美国最出色的企业之一，一百多年来都能够保持强大的竞争力，原因就在于实施了一种名为"活力曲线"的淘汰制度。活力曲线是应用强制分配法将员工分成A、B、C三类，其中A类员工是公司内部20%的优秀人才，这类人是各部门内的精英和骨干员工；B类员工是70%的普通员工，这类员工比较普通，能力也不算太出众，他们占据了公司的大多数；C类员工代表的是10%最差的员工，这部分人缺乏生存的优势，无论是工作能力、工作态度、工作业绩都处于末尾状态，最终免不了要被公司淘汰。活力曲线制度就是一个末位淘汰制度，它的推行使整个通用电气公司始终保持旺盛的生命力。

在其他考核中，员工只需要关心自己是否完成了公司交代的工作，是否达成了相关的标准，而不必关心其他人是否也做到了同样的事。但是末位淘汰制完全是一种相对性的考核制度，即便员工的工作合格，也可能存在被淘汰的风险。这样的考核模式无疑增加了团队内部的竞争性，提升了员工的状态和能力。

事实上，任何一支队伍都不是绝对固定的，它需要不断进行调整，需要源源不断注入新的血液，也需要及时淘汰一批不合格的队员，这样才能成长为更具竞争力、更具效能的团队。比如华为公司曾经打造了特殊的绩效考核制度，如果年终工作绩效排名位于最后的5%，就可能面临淘汰的危险，或者说会有5%的人可能遭到惩罚。简单来说，华为的员工不仅需要通过公司最基本的业绩考核，还要与其他人进行激烈的竞争，防止自己成为公司最后5%中的一员。

海尔集团将员工分为试用员工、合格员工、优秀员工，这三类员工在严格考核的基础上实行动态转换，在招聘新员工之后，新员工会经历一段试用期，如果在试用期表现合格，那么就会被正式录用，成为合格员工，一些表现非常优异的合格员工会成为优秀员工。反过来说，如果合格员工在往后的工作中表现不佳，也会被降为试用员工。优秀员工也会相应地下降一级或者两级。

这些伟大的公司都非常注重内部的竞争，也都引入了淘汰制度，尽管每一家企业的淘汰模式不一样，但是本质上都是一样的，都是为了更好地推动内部人才的不断更新，为了激发内部人员工作的积极性和竞争性，而这就为企业的高效能运作奠定了基础。

末位淘汰制并不是一个口头的协议或者某一个口号，而应该是重要的管理制度，每一个引入并实行末位淘汰制的企业和团队都应该表现出制度的严肃性和严格性，简单来说，就是末位淘汰制必须落实到具体的考核当中。这种末位淘汰的制度具有多种形式，首先是针对整个组织或企业的淘汰制度，也就是说，无论公司内部的人有多少，部门有多少，无论大家做什么，每个人的业绩都会纳入考核体系中，然后依据总成绩进行评估和排序，找出最差的那些人。

以上几个大型公司都采取了这样的淘汰方式，而这种淘汰制度因为注重全局性而有效兼顾了公平原则和公开原则，可以更好地帮助组织实现内部的人才更替，强化内部队伍的素养和竞争力，并且确保相关的组织可以保持更好的发展前景。

还有一些常见的方式就是部门内部的末位淘汰制度，以及某项工作任务中的末位淘汰制度。部门内部的淘汰制度往往和部门内的管理方式有关，部门管理者有权对内部成员进行考核，进行人才的筛选和更替，从而深化部门改革，壮大部门的队伍力量。一般来说，各个部门之间可能会形成一些良性的竞争，或者说某个重要部门为了在对外竞争中占据优势，就容易在内部发动末位淘汰制度，使队伍变得更加强大。

某项任务内的末位淘汰制度往往也是为团队内部的淘汰制度服务的。某些人专门从事某个项目或者某个任务，为了保证能够顺利完成任务，为了提升效能，团队负责人可能会要求执行任务的所有参与者不断进行演练，然后每次都会淘汰一批人，直到整个团队变得更加强大。

无论是整个组织或企业推行末位淘汰制，还是组织内部的部门或团队推行末位淘汰制，都能够有效推动相关团队的发展，能够为打造高效能团队奠定坚实的基础。需要注意的是，在实施末位淘汰制度时，一定要确保团队内部有一套合理的考核体系。在这套合理的考核体系中，管理者需要对每个员工的工作绩效、执行能力进行考评，然后将相应的分数和成绩标注、搜集起来。末位淘汰制应该在整个团队内部进行推广，无论是企业、部门、团队都需要进行考核，并且细化到具体的工作任务和工作指标上，比如标明完成任务的时间、完成的工作量、执行的成本。如果缺乏这样一个完整的考核体系，那么末位淘汰制可能就会失去考核的意义，无法在团队中做到公平。

　　末位淘汰制度的推行并不是为了单纯地将员工开除或者清除出去，而是为了激发每个员工积极向上的工作态度，激发每个人的进取心和竞争意识，这才是真正确保基业长青的关键。

完善培训制度，为团队进步提供力量

　　想要打造一个高效能团队，就需要保证内部员工拥有良好的素质和强大的能力，而在管理学内，有一句话叫"好员工是招来的，更是培训出来的"。作为整个人力资源利用和人事安排管理中的一个重要组成部分，员工培训一直都是非常重要的管理环节。相比于招聘人才，自主培训往往更具针对性，能够更好地培养更加适合自己的员工，或者说团队可以按照自己的真实需求来培养员工。此外，任何一个团队都渴望不断获得进步，都渴望不断完善自己的发展模式，希望保持长期而稳定的发展，但一个团队需要实现长久发展的前提是拥有一大群与时俱进的员工，或者团队能够持续性地输入新鲜的血液，而内部培训显然是推动员工进步的重要方式。

正因如此，很多团队管理者更加倾向于借助团队的力量或者团队所在组织的力量来培训员工，并且积极打造一个完善的培训体系。比如英特尔公司对于新员工的培训工作在员工进入公司之前就展开了，公司对每个经理提出了一个要求，那就是在招聘新员工的时候必须准备好一整套完整的培训计划，这个计划包含了行政、技术、管理等各个方面的培训。

在英特尔，员工的培训期一般为9个月，在这9个月的时间里，员工必须尽快适应工作环境，熟悉企业文化、价值观，公司要求负责培训的经理每周与员工进行一次面对面、一对一的交流。经理必须时刻了解员工的状态，然后有针对性地调整培训计划。而且公司在培训3个月、6个月、9个月的时候都会开会，了解员工的培训情况，同时评估一下员工融入企业文化的程度。

不仅如此，英特尔公司还制订了"伙伴计划"，公司会重点指定一些富有经验的管理人员或者老员工帮带新员工，新员工如果在工作中遇到什么问题，可以向老员工请教，这就是培训的教练制。

沃尔玛公司曾经开展过为期2年的"管理培训生项目"，培训生将会被安排在相关部门进行轮岗学习，而公司会安排出色的经理担任培训导师的角色，培训生必须在指导下完成实操工作，并且全面而具体地学习相关的工作技能。每一位管理培训生会定期与公司高级管理层成员进行面对面的学习和交流，便于吸收工作经验、掌握沟通技巧。

麦当劳非常重视内部员工的培训，据统计，一位上海公司的麦当劳餐厅经理的诞生，往往需要接受超过450个小时的培训和训练，而麦当劳将会为此支付至少100万元，这还是2004年的培训标准。餐厅经理需要在麦当劳训练中心接受营运以及管理方面的培训，并被派往香港的汉堡包大学接受专业培训。

麦当劳在世界各地都设置了出色的培训中心，比如芝加哥汉堡包大学，很多餐厅经理的候选人会进入这家大学进修，进修时间一般为15天。据说每年都有50名来自法国的未来餐厅经理到此学习如何掌管一家餐厅的相关知识。

美国康宁公司总裁哈夫顿非常重视产品的品质，于是就委派公司能干、受尊敬的资深经理人负责公司的品质管理，不仅如此，他还专门拔出500万美元创立了一个新的品质管理学院，以便用来实施大规模的教育和组织发展计划。为了提升每个员工的工作能力，他将每个员工的训练时间提高到占工作时间的5%。在那之后，康宁公司的品质管理计划很快就达到了哈夫顿的目标。

这些公司都非常注重对内部成员和内部团队的培训，对它们而言，培训是提升内部执行水平的重要保障，也是推动团队不断进步的前提。当然，不同的公司和团队具有不同的培训模式，有的看重员工的技能培训，有的看重团队成员的意志培训，有的看重内部成员的认知培训，还有一些团队会对员工进行职业培训。技能培训通常是针对专业技能的培训，主要是为了提高工作的能力和效率；意志培训看重的是员工的承受能力、抗压能力、执行的时效性；认知培训在于提升员工的分析能力、逻辑思维能力、规划能力等；职业培训更加看重的是职业规划能力、职业选择、职业态度等。

无论是哪一种培训方式和培训内容，团队管理者都应当着手打造完善的培训体系，包括打造健全的培训制度和培训计划，比如制订确切的培训目的、准确的培训时间、丰富的培训内容、合理的培训方法、完整的培训步骤等内容。简单来说，在制定和完善培训制度的时候，必须将培训的目的、时间、原则、政策、适用范围、内容、形式、方法、步骤、申请、费用、评估等纳入其中。

在整个内部培训管理制度中，团队管理者通常会忽略两个重要制度，一个是出勤制度，另一个就是考核制度。这两个是完善培训制度的重要因素，一个团队为了保障培训的成果，必须完善自己的出勤制度，确保每个员工都能够按时接受培训，而完善考核制度的目的是对培训结果进行考核，从而有效保障培训的水平和成果。在必要的时候，可以通过优秀团队评比的方式进行成果转化，但评选优秀团队时不要只关注组织绩效的水平，一定要关注组织绩效的提升幅度。

需要注意的是，培训工作并不需要每时每刻都进行，在明确一个团队是否需要进行培训时，需要分析清楚团队的相关需求。比如看看团队的愿景是什么、目标是什么、工作内容是什么，以此来确定团队发展的需要；通过分析团队的使命和价值观来分析团队文化的需要；通过内部成员问卷调查的方式来明确个人培训的需求；通过建立能力素质模型来评判成员的个人能力，并确定是否需要进行能力上的培训。只要一个团队具备以上一种或者几种需求，那么就应该想办法有针对性地进行培训。

完善奖惩制度，做到赏罚分明

　　美国心理学家以及行为科学家斯金纳曾经提出了一种"操作条件反射"理论，认为一个人或动物为了达到某种目的，通常会采取一定的行为来作用于环境当中。这种行为会和环境产生相互作用和影响，如果行为影响的结果对自己有利，行为就会反复出现，以便获得更大的利益；如果行为对自己不利，那么这种行为就会慢慢减弱。通过这个理论，斯金纳认为人们可以用正强化或负强化的办法来影响行为的后果，以达到修正个人行为的目的，这就是强化理论。斯金纳的理论很快被应用到管理当中，其中正强化是指奖励那些组织和团队需要、认同的行为，并且加强这种行为。管理者通过给予报酬和惩罚的方式来约束和修正人们的行动，提升团队的执行水平。在管理上，正强化主要是以奖励的方式展开的，方法主要包括发放奖金、对成绩的认可、赞美和表扬、改善工作条件和人际关系、职位晋升和人事提拔、提供挑战性的工作、给予学习和成长的机会、提供发展和表现的平台等。负强化是指为了使某种行为不断重复，减少或消除那些使其产生不愉快的外来刺激。主要方法包括批评、处分、降级等，有时不给予奖励或少给奖励也是一种负强化。

强化理论结合到管理工作当中，就是奖惩制度。明确的奖罚制度往往能够起到红绿灯的作用，能有效激励、规范和约束团队的行动，比如明确什么事情可以做而且应该努力做好，然后通过奖励行为来带动团队成员的积极性。一些"红灯区"则要尽量避免触碰，这些往往是团队不允许的事情。有些底线是团队不允许触碰的，有些标准是不能打破的，一旦突破了这些红线，就要受到惩罚。比如上班迟到早退，违背上级领导的指令，或者没能按时完成任务。

从效果来看，无论是正强化还是负强化都是一种有效的激励方式，正强化可以推动和强化员工的积极性，使得他们在本职工作当中更加专注，更加积极和自信，他们会产生更强的存在感，会意识到自己的工作价值。而负强化则能起到警示和鞭策的作用，通过相应的惩罚措施，可以刺激员工不断完善和提升自己。

比如百事可乐公司规定：当一个瓶装厂连续6个月处于红区时，为了防止它会对百事品牌造成不良影响，该厂将停厂整顿，甚至将永远失去生产百事品牌产品的资格。对于员工的考核同样非常严格，公司对于员工有着非常严格的着装规定，对于那些违反着装规定的员工，第一次会给予口头警告，第二次是罚款，第三次则直接予以开除。驻店人员如果服务态度不好，那么第一次予以警告，第二次给予开除处分。在百事可乐公司内，很少有人会触犯规章制度。

宝洁公司的管理更为严格。有一位女职工聪明能干，入职一年后就因为表现出色而被评为最佳天分员工，她还因此获得了公司60万元的购房贷款。但是在一次年会抽奖活动之后，这个女孩突然就被公司开除了，原因就在于在公司年会抽奖活动中，女孩在两张奖券上均写下了自己的名字，并且两次都被抽中（概率为1/3000 × 1/2999）。但公司对抽奖活动有明确的规定：每个人只能一张票。很显然，这个女孩违反了公司的规定，她的行为被认定为典型的不正直、不诚信。虽然这个女孩能力很强，而且也是公司重点培养的对象，但是为了维护公司的制度和价值观，公司只能选择开除她。

事实上，奖惩制度往往和绩效考核制度联系起来，而团队绩效考核一般采用"过程控制点，结果控制面"的方式进行。

"过程控制点"是指平时以直接奖励或扣罚金的形式对员工的工作进行管理，在工作中对表现出色且任务圆满完成的员工进行奖励，对于那些工作表现不好或者不达标的员工，则要给予相应的惩罚。这种过程控制具有高度的不确定性，但是效果显著。

"结果控制面"则看重考核的整体性，比如从目标的达成情况、工作的时效性、执行的质量、工作的难易程度、对组织的影响程度等方面进行考核与分析。考核结果会直接影响到整个团队的奖金，接下来团队管理者会结合团队业绩与个人业绩的考核结果，将奖金分配到个人。同样，当整个团队的考核不达标时，团队管理者也会对团队中的相关责任人进行追责管理，然后有针对性地进行惩罚。

无论是哪一种方式，赏罚制度作为一种比较严格的管理制度，必须确保稳定性和统一性。团队管理者应该事前明确和约定相关制度，并且在实施的过程中，奖惩制度应该保持统一，奖惩标准应该前后保持一致，不能因人而异，不能在短期内频繁发生变动，否则就有失公允，内部的管理和执行也会陷入混乱。

赏罚标准和绩效考核标准都必须赢得至少80%的团队成员的认可，换句话说，只有一个团队中80%及以上的成员认同这个标准时，这个标准才能成为考核的标准。如果低于80%这个标准，那么就证明了团队内部的意见争执比较激烈，有很大一部分人可能会因为不满这种标准而产生抵抗情绪。

不过，赏罚或者考核制度并没有一个绝对的标准，并没有哪一家企业、哪一个团队的考核标准可以被所有团队所认同和接受，也没有哪一家企业和团队的考核标准会成为永久不变的准则，而且任何考核的结果都是相对的，最重要的是要具备说服力，让人们觉得它们是公平、公正、公开的。

此外，相关的考核结果以及赏罚措施必须明确且直接反馈给每个内部成员，确保每个人都可以明白自己获得了什么奖励以及将会获得什么惩罚，这种做法有助于明确团队的价值导向，方便管理者制订持续改善的计划。

制度要统一而稳定，不能朝令夕改

  《基业长青》的作者詹姆斯·柯林斯曾经从400多位企业巨头中评选了美国有史以来最伟大的十位CEO，令人意外的是其中并没有人们所熟知的比尔·盖茨等人。那些上榜的CEO有一个共同的伟大特质，那就是建立了稳定而统一的制度，这些制度甚至在他们卸任CEO之后仍旧存在，并且为企业的兴旺发达奠定了基础。这些人并没有刻意去经营自己的形象，没有想过有朝一日是否应该让自己更加伟大，他们专注地打造一种稳定的企业制度，为企业发展提供了最坚实的保障。

  可以说稳定而统一的制度是企业发展的"基因"，正是这些基因让企业能够长久发展，能够持之以恒地兴旺下去。2015

年年底，东京商工研究所进行了一项很有意义的调查，发现在整个日本，超过150年历史的企业多达21666家，而在2016年这一数据将增加4850家，2019年则会增加7568家。这些企业之所以能够成为百年老企业，其中一个重要原因就是，无论企业的接任者如何变化，无论内外部的环境发生了什么变化，企业的内部机制和制度始终保持不变，整个企业的制度和文化都是一脉相承的。正是因为制度的稳定性，整个企业具备了强大的竞争优势。在中国，超过150年历史的老字号企业有六必居、张小泉、陈李济、同仁堂、王老吉等，这些企业是少有的能够稳定制度，并延续制度的企业，而这也是它们能够在日益激烈的竞争环境中生存下去的原因。

反过来说，有的公司在创始人卸任总裁位置后，公司管理非常不稳定，常常在短时间内换了好几任执行总裁，因为每一任总裁上任后为了强化自己的个人形象，都会提出变革，然后每个人都会将前一任制定的制度全部推倒，公司的制度经常会发生变化，团队常常每隔一段时间就会推翻之前的工作机制。

有些管理者则是每隔一段时间就改变自己的制度，比如一些管理者会在一天之内改变多次，这些改变无疑会让团队成员感到无所适从，执行者也无法顺利完成任务，这样频繁的制度修改会严重影响团队正常的运作。对于一个团队来说，建立统一而稳定的制度是打造高效能团队的前提，是发挥出团队持续创造力的关键。

著名的3M公司多年来一直致力于把创新变成制度性的、循序不断的过程。从1929年开始在CEO威廉·麦克奈特的带领下，公司就始终坚持创新理念，一直推行创新制度，而且这些制度几十年来从未发生变化，继任者们认为创新制度是推动整个公司发展的重要保障之一，公司不会也不应该做出改变，更不应该放弃原有的创新制度。

沃尔玛公司多年来一直坚持对成本进行有效控制，并且制定了严格的成本管理制度，这些成本管理制度从创始人山姆·沃尔顿在任时就开始严格执行了。公司必须以最低的成本购买原材料，然后以最低的价格出售给顾客。如果采购员试图以高价购买原材料，那么将会受到公司的严惩。而这个严格的制度一直延续了下来，山姆·沃尔顿要求所有继任者不得改变这个成本管理制度。因此这么多年来，公司一直都能够以低价为顾客提供最好的产品，它也成为市场上最受欢迎的连锁超市。

合理而稳定的制度是确保整个团队得以正常运作且能够保持连贯性的基础，对于那些试图打造高效能团队的组织来说，管理者一定会想方设法强化内部制度的承袭。不过由于每一个团队都会发生人员的变动，就连领导者也会发生更替——这种人才更替是导致制度发生变动的重要因素，加上团队的不断发展以及外部环境的不断变化，想要保证制度的统一和传承并不容易。维持合理而稳定的制度有时候的确需要几代人的努力，但是团队从一开始就可以制定一些保障性的措施。

比如很多制度之所以会发生变动，主要原因在于团队制定的相关制度从一开始就不合理，而改革者都没有顾及实际情况，都没有制定合理的制度，以至于经常要进行改革。有很多制度的出台本身就不合理，不但引起了执行者的反感和排斥，还会导致很多问题出现。而真正的高效能团队非常注重制度的合理性与完善，制度一旦建立起来，必须力求完整全面，一些可能发生的情况必须考虑周到，一些容易出现遗漏的环节要认真规划，一些不合理的地方要及时修正，一些管理不到位的地方需要得到完善。这样就不会出现制度实行一段时间之后需要反复进行改正的情况。

另外，一些制度在权力交接、队伍更替的时候，最容易发生变动。每一个新的团队管理者或者新的成员都想要在团队工作中留下自己的印记，都希望对前人有更大的突破和超越，这是导致制度变得不稳定的重要因素。为了避免这种情况，团队必须打造良好的文化，因为文化具有非常好的传承性，一个优秀团队的企业文化往往具备时间穿透力和良好的延续性。因此想要保证制度的统一和稳定，就要依赖强大的团队文化来约束，确保每一任团队管理者都可以在核心价值观和文化的引导下保持同样的经营管理理念。这样一来，当管理者和领导卸任之后，就可以确保继任者也能够贯彻执行这些制度。

其实，制度的统一和传承就是文化的统一和传承，通过建立强大的团队文化，可以保证任何一个团队管理者、任何一个团队成员都能够遵守相关的制度。

第四章

进行科学全面的目标管理

高　　效　　能　　团　　队　　设　　计

明确共同的奋斗目标

　　大部分人都知道蜜蜂的生存模式，它们是群居动物，通过良好的分工合作来提升工作效率，提升生存的机会。在动物世界中，蜜蜂的合作能力与合作意识是出类拔萃的，这也使得它们成为效能最高的团队。人们知道蜂群内部有着完善的合作系统，但很少有人清楚这个系统的运作模式和运作细节。

　　作家凯文·凯利在《失控》中重点谈到了蜂群的运作模式，他认为蜂群具有非常独特的思维，虽然蜂巢中存在一只蜂王，但实际上没有一只蜜蜂是被蜂王控制的。换句话说，整个蜂群中并不存在一个实际的发号施令的核心或者说管理者。整个蜂群的行动看起来就像是某种奇怪的约定，它们接受这种约定，每只蜜蜂自主行动，但偏偏能够保持行动的统一与分工的巧妙搭配。凯利认为蜂群中有一只看不见的手，这只手并不由蜂王直接控制，却能够在群体中精确控制每一个成员的行动。这只手就是目标，共同生存和繁衍的目标。

他由此联想到了人类社会，联想到了群体生活以及团队的合作，并且认为人类社会想要获得更快的发展，想要打造高效能的团队，同样需要打造这样一只看不见的手，以此来操纵和引导所有人保持节奏和方向的一致，保持行为的一致。而且随着社会的发展和团队的进化，过去那种自上而下的决策流程在很多时候受到了限制，因为一个优秀的团队、一个高效能的团队不能仅仅依靠命令和制度来维持，它应该是一群人为了做成某种事情或者为了共同的目标而聚在一起的群体。

一个团队想要变得更加优秀，想要提升效能，首先就要统一发展的目标，并且应该使每个团队成员明确意识到团队的目标和行动计划是什么，从而确保团队内部成员行动的一致。每个人的追求不一样，喜好不一样，能力不一样，因此个人的发展目标也不一样，而这个共同的目标就像是一个指引，可以将不同类型的人、不同职位的人、不同需求的人、不同想法的人紧紧地团结在一起，朝着同一个方向奋斗，为同一个目标而努力。

在一艘船上，很多人都有自己的方向和目标，如果每个人都想按照自己的意愿行驶，那么这艘大船就无法正常行驶，这个时候往往需要推选出一个船长，而船长存在的意义就是帮助大家确定一个明确的航行方向和明确的航行目标。在团队中也是如此，团队管理者必须扮演船长的角色，主导团队发展的方向，明确一个共同的目标。

很多跨国公司的员工人数达到了几万、十几万甚至几十万，那么它们是如何让如此多的员工保持同一个奋斗方向的呢？有人曾经对那些跨国公司进行过调查分析，事实上，道理很简单，那就是打造一个共同的目标，通过这个共同目标来引导所有人。当然为了提升引导和控制的能力，跨国公司会按照工作项目的不同、区域市场的不同，以及职能区分划分为不同的团队，然后各个团队都会宣传公司的共同目标。相比于公司的引导力，团队的引导更加有效。

一个团队想要保证高效能，想要确保内部的合作水平，就要通过共同目标将所有人凝聚成一个整体。股神巴菲特在组建投资团队的时候，只有一个要求，那就是所有的投资者必须保持同一个目标。

通常情况下，团队管理者很难让所有成员都统一目标，而且团队成员彼此之间的目标也不一样，这个时候就需要进行协调，引导大家求同存异，形成一个共同的目标。这个共同的目标必须有一个具体的形态，且这个形态能够被大家所认同和接受。不仅如此，管理者需要不断强调这个共同目标，每个人都要认清团队的使命何在，要明确自己究竟是为谁做事，团队的共同目标到底是什么。管理者需要让所有人都意识到自己应该做什么以及应该怎么做。

在明确共同目标的过程中，在必要的时候应该采取一些强制措施来推行目标的实施策略，并且坚决消除那些负面因素。比如特斯拉总裁埃隆·马斯克在组建队伍的时候，明确告诉其他人自己要做什么，那些有不同理想和目标的人可以随时离开。英特尔的创始人安迪·格鲁夫对于那些有着不同想法的人保持敬而远之的态度，他不会容忍那些不认同共同目标的人存在。亚马逊的创始人贝佐斯更是如此，他不太欢迎那些会忽略共同目标的人，他曾要求所有人都将共同目标写在纸上。

在某些时候，强制团队内部形成一个共同的目标，形成一个共同的价值观是很有必要的，可以保证团队成为一个整体。除了引导、协调、沟通和强制之外，需要注意的是，为了能够激发团队成员的激情，应该树立一些阶段性的里程碑，使团队对任务目标看得见、摸得着，而这就需要管理者对目标进行有效管理。

对目标进行合理的管理和掌控

当一个团队准备抓住某一个目标时，团队管理者可能会传递相关信息，或者下达各种指令，而这种指令往往缺乏足够的信息提示。比如下面几种就是最常见的目标指示：

——某机械公司的负责人在会议上提出了新的目标："公司要确保在五年内成为一家优秀企业。"

——某火锅连锁店的老总最近提出了一个新目标："公司准备在步行街开第二家火锅连锁店，你们最好做一下准备。"

——某部门主管对内部的员工说道："在今后的

六个月时间里，我们应该逐步提升产量。"

——某个创业团队在创立之初就提出了自己的目标："超越苹果公司和谷歌公司，成为最具竞争力的科技企业。"

——某服装厂的总经理突然提出了一个新的规划："明年争取培养和派遣两名员工参加世界电子科技展览会。"

这些目标设定和指示的下达或多或少都存在一些问题，要么是表达不完整，要么是目标不明确，要么是目标不够合理，而这些目标往往会影响团队的执行水平和发展状况。比如机械公司的负责人提出的在五年内将公司打造为一家优秀企业，这样的描述未免太过于笼统，执行者并不清楚这个目标的具体要求，因为所谓的优秀企业并没有一个明确的具体的标准，没有一个确切的说法，因此执行者根本不知道要做什么、要怎么做以及做到什么程度，公司才能变成一家优秀企业。

那个开火锅连锁店的老总虽然提出了一个具体的目标，但是开火锅店的具体时间是什么时候呢？是下周开，下个月开，还是下半年开？由于没有具体的时间安排，这个目标的设定更像是一时心血来潮的口头描述，让人觉得它的产生太过于突兀，这样一来就会让下属们感到无所适从，不知道是不是应该立即着手寻找合适的店铺，是不是应该准备对店铺进行装修，不知道这家店面应该在什么时候实现开张。

部门主管提出的"六个月逐步提升产量"的说法同样不够清晰，六个月需要提升多少产量，或者每个月提升的产量数额为多少，对于这一切执行者一无所知，也难以进行揣度。一般来说，任何一个目标必须是可以度量的，比如要求每个月的产量提升15%。

一个初创的创业团队就敢于提出"超越苹果公司和谷歌公司"的大目标，这显然是不现实的，而且这种底气也没有任何依据，这样的目标只会让团队内部的成员和执行者感到迷茫，盲目地画大饼行为会最终导致团队失去正确的发展方向。一个想要有所发展的团队应该制订更加符合实际情况的目标，目标要建立在现实情况的基础上。

服装厂的总经理所制订的目标有什么具体的意义吗？这个目标和服装厂的发展以及服装厂制订的发展目标有什么联系吗？至少从专业角度来分析，派遣员工参加世界电子科技展览会和服装厂的生产、发展没有太大的关联性，和服装厂的扩张也没有什么关联。

如果对以上这些目标进行分析，就会发现它们所面临的问题刚好对应上了目标管理中的SMART原则。该原则是由美国管理学大师彼得·德鲁克提出来的。1954年，彼得·德鲁克在《管理的实践》一书中提到了"目标管理"这个概念，由此掀起了管理学领域内的一次革命。在这之前，很多企业并没有意识到目标的重要性，或者说并没有将目标当成一个引导性的管理因素来看待，许多企业处于先着手去做，然后看看自己能做到什么程度，或者做到哪儿算哪儿的状态，而这样的状态存在很大的弊端，那就是往往会选择一个错误的方向，会在一些没有任何结果或者结果不好的事情上浪费时间和精力。还有一点也很糟糕，那就是这些企业往往会出现内部混乱的局面，各个部门以及部门的负责人、执行者会按照自己的感觉和想法行事，导致整个团队出现多个方向、多个选择，出现相互阻碍的现象。

德鲁克对这类现象进行分析，并且意识到目标的提前确定远远要比走一步看一步或者跟着感觉走更加高效，它可以有效引导企业的行动，给大家制定一个具体的方向，将所有人凝聚在同一个方向上发力。因此他坚信一个企业应该先设定自己的发展目标，应该给所有人设定一个共同的目标，并对它进行科学的管理。德鲁克将这种管理方法总结为目标管理的SMART原则。

SMART目标管理拥有五个最基本的原则，分别是Specific（具体明确的）、Measurable（可衡量的）、Attainable（可实现的）、Relevant（有相关性的）、Time-bound（有时限性的）。

"具体明确的"实际上是要求管理者要制订具体明确的目标，或者说要用具体的语言清晰地描述和说明团队将要达成目标的某种行为标准。这个标准是团队想要实现目标并获得成功的一个基本参照，也是执行者实施相关任务的基本着力点。

严格来说，一个明确的目标首先应该拥有明确的项目（做什么），明确的衡量标准（怎样的状态才是达标），明确的执行手段和方法（具体应该怎么做），明确的执行期限（什么时候开始，什么时候完成），明确的要求和条件（需要什么资源）等。

"可衡量的"主要是指团队制订的目标应该拥有一个具体的可衡量的标准。简单来说，就是拥有一些相对明确的数据，这是衡量团队工作是否达成目标的依据。在这个概念中，数据是一个最重要的因素，比如公司一个月需要生产多少数量的产品，营销额必须提升多少个百分比，综合实力必须排到第几名，成本必须控制在多少钱以内。每个目标都应该以具体的数据作为衡量的标准，然后执行者就将这个数据作为参照。

"可实现的"是目标管理的一个重要要求，毕竟任何不切合实际或者根本不能完成的目标都不具备现实意义，它们根本不能带来任何价值，反而会增加不必要的资源消耗和时间上的浪费。因此对于任何一个团队来说，管理者必须保证制订的发展目标符合现实，必须是可操作且可实现的。在制订目标的过程中应该从现实情况出发，应该对自身的实力进行认真的分析，对自己可能达到的状态和存在的能力上限进行合理评估。

"有相关性的"是指实现此目标与其他目标的关联情况，即任何目标都不是独立存在的，它必须和其他目标有所关联，比如这个目标可以是实现其他目标的基础，可以是某个大目标中切分出来的小目标。就像一个团队想要在十年内成为领域内的前三名，那么在实现这个目标之前可以先确保三年内开拓欧洲和美洲市场。或者一个团队想要实现年产值达到500万元的目标，那么可以先设定年产值突破200万元的小目标。

"有时限性的"是指实现这个目标是有确切时间的，这是实现目标的一个基本限制，毕竟每一个目标都具有时效性，一旦超出了期限，整个目标的实现也就失去了意义。因此团队管理者在制订团队目标时，应该明确实现目标的期限。

目标管理的SMART原则往往具备很强的指导性，可以有效规范执行者的行动，并且提升目标实现的概率。随着时代的发展，管理学一直都在不断进化和进步，企业的发展环境也在不断发生变化，但目标管理的理论始终能够迎合企业发展、团队建设的需求，许多团队管理者都会将SMART原则当成一个通用的目标管理方法。

将团队目标和个人目标结合起来

在目标管理的过程中，有一个问题常常令管理者感到为难，那就是如何处理个人目标与团队目标之间的矛盾冲突。这几乎是每个管理者都会遇到且必须妥善解决的问题。尽管人们通常会受到共同价值观的影响，会受到内部管理制度以及领导者、管理者魅力的影响，但是人们工作的个人动机是存在的，它们可能会暂时受到压抑和影响，但不会消失，管理者应当尊重这些动机。

在个人的工作动机中，存在多种形式，比如有的人希望获得更高的工资，希望在物质生活方面得到改善；有的人渴望得到职位晋升的机会，希望坐到更高的位置上来证明自己存在的价值；有的人非常喜欢把握更大的权力，他们更喜欢成为掌控者，喜欢满足自己的控制欲并以此来帮助自己实现理想；还有一些人更加注重把握自我价值实现的机会，他们并不在乎工资的多少，并不在乎自己能否获得晋升，相比之下，他们对于工作有着更高层次的追求，他们看重的是个人价值的实现，看重的是整个团队乃至整个社会对自己的认同，同时考验和展示自己的真实能力。

这些情况都和个人的工作目标息息相关，而为了实现这些目标，他们必定会制订自己的工作计划和人生规划，并且按照这些规划行事。但是当人们处于企业、组织或者某个团队中时，他们需要服从团队的目标，这个时候冲突就容易产生，尤其是当个人的目标与团队发展目标产生分歧时，这种冲突就会更加明显。

很多团队在遇到这种情况后往往会出现管理混乱、执行力低下的情况。一些团队管理者可能会强势打压个人的发展目标，会压制个人的欲望，强制要求员工放弃自己的目标，而这种强势的姿态可能会影响员工工作的积极性，会导致员工工作状态受到很大的影响。不过，如果管理者过分迁就和纵容员工，那么员工就会完全按照自己的计划行事，根本不会理会团队目标，这样就会使得团队的执行工作偏离轨道和计划。

强势管理或者不闻不问都会给团队发展带来不小的麻烦，因此管理者必须做好一个平衡，将团队目标和个人目标有效结合起来。

惠普公司曾经推出了"休—帕作风"的管理模式。惠普公司的负责人很少以指令的形式进行管理，更多时候会制订某一阶段内应该达成的目标，这个目标往往和公司在该阶段内的利润、新产品研制、用户设想、发展计划等多方面相关联，当目标规划制订之后，负责人会要求各级人员按照这个规划详尽地制订自己的工作计划。公司会对这些工作计划进行审核，审核通过后，员工就可以按照自己的工作计划获得一定的工作自由，此时，整个公司就实现了企业目标和个人目标的有机结合，从而有效促进了员工工作的积极性和能动性。

"休—帕作风"有效顾及和尊重了团队成员的价值和尊严，这种管理模式体现出了公司愿意给予员工更多自由发挥的空间，也尊重员工的个人追求，只要个人目标和规划不超出团队目标的范畴就行，或者至少不会对团队目标的执行和实现产生负面影响。它有效提升了员工工作的积极性，也提升了员工的价值。

其实，惠普公司对于员工的尊重以及对于员工个人目标的尊重，还体现在公司愿意将相关资源拿出来共享，提供给员工做自己的事业，用于实现个人的目标。比如该公司实行"开放实验室备用品库"的策略，公司规定工程师们可以自由出入实验室备用品库，从里面取走电气产品以及机械零件拿回家使用，公司还放开了限制，对工程师取走这些产品、工具和设备的用途丝毫不进行过问，换句话说，工程师们完全可以将产品用于个人的工作，也可以用于一些兴趣爱好或者自己要做的事情，公司对此不会加以干涉。

按照惠普公司的观点，不管工程师拿着产品、工具和设备做什么，不管工程师拿走这些东西做的工作是否与公司下达的任务有关系，他们总是可以利用这些东西做一点儿事，学习一点儿新东西，或者积累一些经验，这些既对个人的生活追求有利，也对工作有利。实际上，这一切都源于惠普公司的创始人之一比尔·休莱特。某个周末他去实验室备用品库视察，看到备用品库被锁住了，于是就亲自取来一把切割剪剪断门锁，并且在备用品库的大门上贴上一张纸条："请勿再锁此门。谢谢。比尔。"在那之后，这样的政策就一直流传下来。

如果对惠普公司的管理方法、管理理念进行分析，就会发现一个高效能的团队往往不会剥夺员工追求自我和个人目标的机会，它会给员工留下一定的自主选择权和自由发挥的空间，比如为员工实现个人目标提供更多的帮助，并给予更多的关怀；给予员工更多的自主权和自由支配的时间、资源，以此协调好团队目标和个人目标。

除此之外，管理者还需要加大激励的力度，并且努力让每一个员工都纳入整个工作体系中来，确保员工能够为团队目标而努力，为了共同的目标而奋斗。不仅如此，管理者可以加强企业或者团队内部的文化建设，从而在潜移默化中影响员工的态度，建立共同的价值观，强化集体意识。这些管理措施可以引导员工积极投入团队事务中，并且坚持以团队目标为主，以团队利益为先。通过引导，员工自己也会在团队目标和个人目标的追求上进行平衡，从而减轻团队内部的冲突。

不在遥不可及的目标上浪费时间

　　美国著名的铱星公司曾经是世界上最具潜力的科技公司之一，很多人都认为它会成为世界上最具竞争力的科技公司，甚至会引领新的科技革命。不过正当所有人都在翘首以盼的时候，这家公司却被错误且不切实际的目标规划拖垮了，葬送了自己的大好前程。

　　1987年的某一天，铱星公司的工程师们突然提出了一个近乎梦幻的商业计划，他们设想着用66颗低轨卫星组成覆盖全球的通信网，这样一来就可以在全球范围内建立完善的通信体系。工程师们认为当数量庞大的卫星组建通信网络后，全世界很大部分的通信业务就会被他们控制和垄断。

这个构想在当时的环境下来说几乎就是天方夜谭，毕竟很难有一家企业能够拥有这样的实力去打造如此先进的通信网络，不用说技术上的难度，单是资金投入就令人咋舌，这根本就不是一个企业能够负担得起的。很显然，这个由工程师组建的团队完全陷入了自我狂想的兴奋中，工程师们努力说服公司制订这样的商业计划，然后这项庞大的计划就开始实施了。

不久之后，铱星公司高层开会通过了这项计划，并且贷款一大笔资金，然后直接耗费50亿美元投入这个计划中。可是不久之后公司就因为资金压力而放弃了这项计划，因为公司无法承担高成本高负债的风险，而该项目创造的收益却很低，最终公司只能宣布破产。而这个时候，铱星公司离自己打造的伟大运作模式还差得很远。

如果对铱星公司的发展思路进行分析，就会发现工程师们几乎忘记了自己能够做什么，或者只能做到什么程度，他们对于未来的发展缺乏更准确的规划，对于目标的设定也完全脱离了现实，他们的团队也成了低效能团队的典型代表。而这种不切合实际的目标追求在很多团队中都存在，或者说很多团队都会遭遇这种问题。

很多时候团队管理者容易产生一种追求高目标的冲动，他们希望自己的团队可以制订一个别人都无法比拟的目标，可以突破竞争的界限，获得无可比拟的生存优势，但是任何目标的制订都不能仅仅依靠主观的想象。主观的想象是没有任何限制的，它可以无所顾忌地以任何一种形态存在，但目标不一样。一个目标的设定需要尊重现实，需要结合团队内部的资源和实力，如果没有雄厚的实力做基础，那么目标的执行就会变得举步维艰。更不用说一些目标的设定可能脱离了现实情况，根本是不可能实现的。

比如在过去很长一段时间内，"永动机"都是一个非常有生命力的话题，几乎从这个观念出现之后，大量的企业、科研组织和研发团队都对它产生了浓厚的兴趣，这些组织和团队都希望自己有朝一日可以研发成功一台类似或者接近"永动机"的产品，从而一举解决能源问题。

正因如此，很多团队投入了大量的人力、物力、财力、时间、技术用于永动机的研发，这些团队为了获得技术上的突破，付出了很大的成本，可是最终却没有任何实质性的收获，连接近永动机形态的产品也没有出现。原因就在于永动机所谈到的不依赖能源、不消耗能量就可以永久运转下去的设想根本不符合最基本的物理学定律——能量守恒定律。因此，所有的研发工作都是徒劳的，根本不可能获得成功，或者说这个目标完全脱离了现实。

团队制订一个更高的目标，希望接受更大的挑战，这原本是一件好事，毕竟任何团队想要获得发展都需要具备一定的进取心，都要具备强大的动力。但是高目标不能脱离现实，不能脱离团队执行能力、创造能力的上限，否则就会无端制造更多的麻烦。一个敢于冒险和上进的团队在试图挑战更高的目标时，应该懂得保持理性的思维和踏实的态度，要懂得立足于现实，科学地评估自身的能力，然后依据自身的实力和执行者的能力做出合理安排，尽量制订一些合理可行的目标。

需要注意的是，管理者应当对团队以及团队中的成员所描述的未来和目标的制订进行适当的约束。这一点并不难理解，就像几个五岁的孩子问道："我将来可以成为什么样的人？"大人们可能会说："你将来会成为一个伟大的科学家，会成为一个大医生。"这是一种精神上的鼓励方式，毕竟孩子年纪还小，以后会有很多的成长可能性，有关方向性的讨论根本没有太大的意义。如果一群有过多年工作经验的人询问自己的职业生涯将会获得什么成就，什么时候可以成为行业内最好的职员，那么其他人可以依据对方的能力以及目前的发展趋势、发展潜力进行判断，告诉对方"以你目前的情况来看，距离行业最佳还有很大的距离"。

在团队管理中，精神激励在很多时候都存在，尤其是一些激励型的领导，他们喜欢给每个员工设定一些成长目标和工作目标，在职业开始的阶段，这种设定可以更具弹性，可以更具创造性，也为员工描绘了一个美好的人生蓝图。可是随着员工经验的积累，工作的推进，他们的能力值基本上会定型，实现突破的可能性越来越小，因此在设定个人成长目标和工作目标的时候应该切合实际。比如一个员工的实力只能完成常规任务，如果让他完成高级别任务，可能就会将工作搞砸。

事实上，当个人和团队追求一个不切实际的目标时，往往会造成资源的浪费，比如白白消耗了大量的人力、物力和时间，这些消耗的成本不会产生任何价值，不会带来任何回报，这种损失往往是直接可以计算出来的。如果将这些资源用于其他更适合的目标上，或者安排在其他工作上，往往可以获得相应的回报，这样就可以保障资源的利用率，提升团队的工作效能。

这种伤害还不仅仅是明面上的浪费和损失，更重要的是，当一个人或者一个团队的期望和野心超出自己的能力范围时，原有的工作动力和生活动力就会慢慢变成压力，这个时候人们所面对的就不再是一个让人感到兴奋的目标，而是一个时时消耗自身意志力和自信心的大麻烦，一个破坏工作积极性的负面因素。这个时候，整个执行团队可能会在这些遥不可及的目标面前失去自信，大家会对自己的能力、自己的规划产生疑惑，否定自己之前所取得的成功，否定自己身上的其他优势，开始在工作中变得更加消极，开始出现拖延和逃避的情况，并就此打乱自己的工作节奏和规划，而这些显然不是一个高效能团队应该有的特质。

从追求小目标开始

一个普通的团队如果想要挣到1000万元，那么一开始就不能直接将1000万元作为奋斗目标，而应该懂得从小目标开始起步。比如先努力挣到10万元，等到资金、经验、技术、人才得到了积累，就可以将目标定为20万元。一段时间之后，就可以定为50万、100万，接下来慢慢突破300万、700万和1000万。

发展团队有时候就像练习跑马拉松一样，很多锻炼者在跑步过程中很容易被自己定下的大目标吓倒，比如一些初次练习的人会告诉自己今天一定要跑完10000米，可实际上这样的距离是一个大负担，也许他根本无法完成，也许完成之后整个人都会累趴下，并对跑步产生恐惧和厌恶情绪，而且如此高强度的运动可能会给身体带来不可逆转的伤害，这样就更加得不偿失了。

最好的方式就是对大目标进行切割，比如一开始要求自己在一周之内跑到2000米，之后的两周则要求自己每天跑2500米，接下来接受3000米、4000米、5000米的挑战。当自己实现这些小目标之后，信心和经验都会得到积累，个人也会慢慢适应这种强度的运动量。一段时间之后，人们可以不断延长跑道，给自己设定新的跑步目标，逐步突破6000米、7000米、8000米，直到突破10000米的路程。

一个团队在发展过程中也应该按照这种跑马拉松的模式来运作，不要一开始就想着实现大目标，不要一获得小成就或者达成了某个小目标，就开始迈大步子向前进，并追求一些很大的目标。坚持稳步向前走的策略很有必要，因为当目标与现实的跨度太大时，就会增加和放大工作过程中那些不可预知因素的影响，诸如技术上的积累不够多、经验不足、运作资金有限，这些都可能会对新目标的实施产生负面影响。试想一下，一家小公司如果将年营业额从300万元提升为400万元，那么遭遇的难度并不大，如果想从300万元直接跳到3000万元的规模，那么就可能面临一系列的问题，比如公司突然扩大规模，人手是否足够，带来的管理问题该如何解决，运作的资金该如何筹措，自己是否有能力进行管理和控制等。这一系列的问题都会成为奋斗过程中的潜在威胁，为团队的发展埋下重大隐患。

这些年，Facebook公司的发展速度很快，但是并没有盲目追求速度，没有以牺牲稳定性来增加扩张速度，在它每一次扩张的道路上，都制订了切实可行的目标，都有稳定的发展战略。扎克伯格曾经对内部的团队成员提出了"小步快走"的策略要求，他认为一个组织、企业或者团队想要获得进步，一定要加快速度，但是加快速度并不意味着大跨步式地往前奔跑和跳跃，最合理的方式就是坚持小步向前的模式，这样可以有效提升稳定性。而坚持稳步前进的原则就需要团队坚持从追求小目标开始，一步一个脚印向前发展。

每个团队在发展过程中都应该给自己制定一个适应的过程。无论是适应新的环境、新的技术、新的人才、新的扩张模式，还是新的战略规划，都需要花费时间来慢慢调整，突然加大前进的步伐，往往会造成严重的不适应。管理者可以对团队大目标进行分解，确保这些分解后的小目标呈阶段性出现，其中每一个小目标都是为后面要执行的任务和目标做铺垫，而每一个目标之间环环相扣、循序渐进。小目标可以分成每天要做的事情，每周要完成的工作，每个月应该完成的任务量。所有的小目标都是从大目标中分解出来的，它们是实现这个大目标的基础。无论如何，切分目标或分解任务是一个有效消除距离感的方法，同时也是提升时间控制能力、风险控制能力和流程控制能力的关键。

许多人也许会觉得，从小目标开始每天进步一点点，这样的发展效果并不好，但事实并非如此。心理学上有几个著名的公式，1的365次方等于1，1.01的365次方约等于37.78，而0.99的365次方约等于0.025。这几个公式实际上非常巧妙地描述了细微的进步在时间积淀下所产生的巨大的影响力，人们不应该轻视那仅有的一丁点儿的进步。

在这几个公式中，"1"代表了某种工作状态和水平，"365"代表的是时间，"1.01"表明每天都在进步0.01，而"0.99"则代表每天都退步了0.01。表面上看起来，每一天的进步和退步都不大，甚至可以直接忽略掉，但是一旦考虑到时间这个重要的因素，就会发现其中的惊人变化。那些每天都以进步0.01为目标的团队，到了年底所达成的业绩是正常水平的37.78倍，而那些每天退步0.01的团队年底的工作量只有平常水平的1/40。很显然，坚持稳步前进以及每天都进步一点点的团队，往往会在时间的推移中发生质变。

保持专注，确保目标的专一性

　　有这样一个故事，布里丹养了一头非常可爱的小毛驴，每天早上，布里丹都会付钱从附近的农民那儿购买一堆新鲜的草料喂养小毛驴。有一天早上，布里丹购买草料后，农民又额外赠送了一堆新鲜草料以感谢布里丹。

　　可是农民却不知自己好心办了坏事，当小毛驴见到两堆新鲜的草料后，根本不知道自己应该先吃哪一堆，只能不停地在两堆草料之间来回走动，几天之后，小毛驴竟然在犹豫和徘徊中活活饿死了。

这就是著名的"布里丹毛驴效应"。

在生活中，人们也常常在不经意间成为"小毛驴"，一旦遭遇多个选择以及多个目标时，往往会遇到选择困难，导致个人的行动受到影响。而这个效应在团队管理中同样很常见，比如很多团队会一次性制订多个目标，或者一次性希望从多个方向实现突围，而这样的规划常常会让自己陷入困境。

有个研发团队看中了两个研究方向：石墨烯材料以及柔性玻璃。这两个研究课题都代表了技术潮流，而且在现实生活中应用广泛，具有很大的市场前景。可是决定研究哪一个课题时，团队内部产生了分歧，一部分人认为石墨烯的市场前景很好，它将来会成为新能源电池最不可或缺的材料，而且会引发能源电池领域内的一场革命。但是另一部分人认为柔性玻璃在手机、电脑以及一些显示屏上的应用同样很广泛，未来将会成为生活中最常见的产品之一，几乎在很多方面都会用到这项技术。

为了平衡两方面的意见和立场，团队负责人做出了一项重要的决定：同时制订两个研发目标。而这样的决定很快就带来了很严重的问题，首先，这个团队的研发资金本来就不足，需要接受外来的资金援助，此时将资金分拆到两个项目上无疑进一步放大了资金上的劣势，可以说两个项目都存在巨大的资金漏洞。

其次，就是团队内部的人员分配问题，如果专门研究某一个项目，那么团队可以集中所有的人才去接受挑战，但是如今整个团队出现了两个项目，这就意味着有一部分人会被分离出去做其他项目。当团队被分裂成两个小的研发团队时，工作效能会变得很低，导致两个团队都面临人才短缺的困扰。

如果进一步进行分析，当团队一次性追求多个目标时，所面临的问题可能还会更多，包括团队的凝聚力问题、内部合作问题、压力承受问题、风险控制问题、目标实现的时效性问题等，这些都是团队管理者从一开始就必须认真思考的内容。

对资源进行合理分配和利用，无论是人力资源、技术资源、资本、原材料、时间，还是工具，都要进行合理的配置，尽可能地发挥出这些资源的优势，尽可能地发挥出它们最大的价值，这才是高效能的一个重要表现。而一次性追求两个或者两个以上的目标，往往会造成工作精力的分散，对于团队来说，人员安排、资源分配、时间安排上都会面临很大的挑战。一个团队可以集中精力做好一件事，可以追求一个重要的目标，但是一旦出现多个目标，就意味着团队的相关资源面临短缺，而且容易出现注意力不集中的情况，这对于打造高效能团队而言是十分不利的。

如今有许多公司和团队喜欢盲目扩张发展领域，喜欢一次性制订多个目标，它们常常认为，方向越多、目标越多，发展的机会也就越多，成功的机会也就越大，这就使得多元化发展战略成为很多企业和团队热衷的方向。可是事实上，过度看重多元化以及不切合实际地盲目扩张，使得很多团队陷入了困境，发展一日不如一日。

哈德洛克是日本一家小公司，但这家公司却愿意花费几十年的时间来生产螺丝。在过去几十年时间里，哈德洛克只做了一件事，那就是生产螺丝，它的目标也只有一个，那就是成为世界上最出色的螺丝制造商，为全世界打造最优质的产品。也正因为始终保持对这个目标的虔诚和专一，这家公司获得了巨大的成功，几乎全世界的高铁、飞机和轮船都在使用它生产的螺丝。

可口可乐公司、麦当劳公司、星巴克公司，这些公司多年来制订的发展规划非常单一，它们始终将目光和精力放在自己的专项领域内，拒绝采取多元化的发展战略，因为在它们看来在某一阶段内只要做好一件事，并且将这件事做到最优秀，那就是一种成功。

高效能团队在分析这些企业的发展模式时发现，相比于其他盲目追求多元化发展战略的企业，它们更加善于分析和思考。比如自己为什么要选择这些目标，追求并完成每个目标的动力是什么，所需要的资源和硬实力是什么，可能付出的成本是多少，这个目标是否真的是自己迫切需要的？只有思考清楚这些问题，才会更好地进行目标规划。

而很多企业和团队缺乏这种思考能力，也缺乏分析的习惯，管理者更加看重的是新目标能够给自己带来什么好处，能够给自己的发展带来什么改变。

美国著名的得州仪器公司有一句知名的口号："写出两个以上的目标就等于没有目标。"对于一家公司或者一个团队来说，它们应当保持目标的专一性，一次最好制订一个发展目标，如果真的有好几个目标，也要列好顺序逐一完成。对于任何一个团队来说，如果想要提升工作效能，想要提升竞争力和发展的空间，那么就要适当压抑自己扩张的欲望，坚持某一阶段追求一个目标的策略，确保自己能够集中力量实现目标。

第 五 章

沟通体系决定团队合作的质量

积极做好内部的有效沟通

通用汽车公司前总经理英飞说过："我始终认为人的因素是一个企业成功的关键所在。根据我四十年来的管理工作经验，我发觉所有的问题归根到底都是沟通的问题。"在现实生活中，很多团队都意识到了沟通的重要性，而且也喜欢进行沟通，但是往往难以达到沟通的效果，也就是说形式上满足了沟通的各种要求，但实际上作用很小，没有实质性内容。比如有很多团队非常喜欢开会，想要依赖开会这种形式建立更加稳定有效的信息交流，这些团队几乎每天一次小会，一周一次大会，有什么事情就拿到会议上去说，而且为了确保会议的成果，很多会议都会以"时间"作为基本保障，经常一个小会议就要开上两个小时，大会议更是要开上半天。

这种时间消耗或许会让很多团队觉得很踏实，认为时间消耗往往会带来更多有价值的沟通内容，但令人失望的是，多数类似的会议都是纯粹的摆设，相关团队并没有从中获得相应的价值。很多中小型会议完全可以在20分钟内解决问题，但由于团队缺乏有效沟通的能力，人们在多数时间里都在做无用功。而这样的开会效率不可能产生更高的效能，不可能产生更多的价值。

之所以会这样，主要原因在于沟通的低效，沟通者可能没有办法在短时间内将事情说清楚，可能缺乏清晰表达观点和说服他人的能力，又或者沟通双方缺乏默契，彼此之间存在沟通障碍。

有效沟通是指表达的一方准确传达了信息，而接收信息的一方也准确接收和理解了相关的内容，并且能够针对这些信息适当做出回应。换句话说，在整个沟通的过程中，信息的传递和回应都比较顺畅，没有遭遇什么阻碍，沟通双方处于一个相对和谐的沟通氛围和状态中。

反过来说，有的沟通是低效的、无效的，传递信息和接收信息的人在沟通中出现了相互脱节的现象，表达信息的人并不太在意自己的话是否被人接受，并不太在意自己说的话是否容易被人理解，他们只说自己的想法，或者只挑选自己喜欢的东西说。同样，接收信息的一方只倾听那些自己喜欢或者感兴趣的内容。这就使得双方常常难以相互理解，一方说了很多，而另一方却接受得很少，双方不得不花更多时间说话。

有个大学教授准备邀请一批学生针对某个话题进行讨论，可是学生都不太愿意配合。每次教授在讲课的时候，大家都不那么专注，经常开小差，在回答和提问的时候，也表现得很无所谓，有时候明明不了解相关内容也不会细问，而且彼此之间常常会出现一些莫名其妙的对话。教授对此感到很沮丧，整个讨论课每次都显得非常低效，讨论的成果非常有限。他于是暗中进行调查，发现原来问题出在自己身上，原来自己说话太快，而且说话的内容大都是一些枯燥的理论，举的例子也没有什么新意，因此学生们感到无聊，他们觉得教授的谈话不值得倾听。分析之后，教授改变了谈话的模式，开始放缓速度，争取将内容描述得更加详细和清晰，同时将原有的理论知识讲解变成了吸引人的讲述方式，这样就吸引了学生的注意力，他们也表现出积极的状态，并且主动提出一些更有深度的问题。这个时候，教授的讨论课就变得更有深度，而且学生收获颇丰。

事实上，从沟通的本质来说，这是一种双向性的行为，沟通双方应该进行互动，而保持这种互动就需要双方进行合作，换句话说良性沟通本身就是一种合作性质的交流模式。语言哲学家保罗·格莱斯曾经提出了一套"合作原理"，在这套原理中，他提出了四条用于保障沟通效率的基本准则。

第一条是量的准则，量的准则主要是指保障沟通时所需的信息量，信息量应该充足但最好不要过多。比如老板询问下属："上周让你做的事，你有什么看法？"如果回答说："还好吧！"这个回答无疑面临着信息量不足的问题，老板询问的目的是弄清楚执行者做得怎么样，有没有什么好的想法和创意，有没有什么难度，有没有什么意见，一句"还好吧"所包含的信息还不够，因此这样的回答违背了量的准则。

第二条是关系准则，这一准则主要在于沟通者在沟通和对话的过程中所叙述的内容相互关联，沟通者不能够随意改变方向或者主题。如董事长询问市场部的负责人："你上次去参加会议，客户究竟说了什么？"负责人回答说："我们上次一起吃了一顿晚餐。"在这一次的对话中，提问的一方和回答的一方所描述的内容完全脱节，根本没有什么联系，这样的沟通无疑会让董事长感到恼火，可以说负责人的回答已经违反了格莱斯的关系准则。

第三条是方法准则，方法准则主要是说沟通双方在对话中应当尽量避免晦涩难懂的描述和语句上的歧义。比如一个员工传话时说"四个研发组的工程师做了检查"，这句话往往容易产生歧义，倾听者可以将这句话理解成多种意思：四个工程师做了检查，他们分别来自四个研发小组；来自四个研发小组的多位工程师进行了检查。这样的表达无疑会让倾听者产生混乱，因此这样的沟通违背了格莱斯的第三条准则。

第四条就是质的准则，该准则主要强调的是人们在沟通中叙述的内容应该绝对真实。如上级领导视察工作，于是询问执行者："你这个月是否能够完成产量突破200件的任务要求？"执行者根本没有完成任务，为了避免受到责备，于是非常自信地回答说："我这个月大概已经做好了220件产品，到月底肯定还会更多一些。"这样的回答其实就违背了格莱斯的第四条准则，一旦领导准备核实，就可能会捅破这个谎言。

格莱斯准则通常作为沟通的原则和标准来使用，是沟通双方保持良性交流的基本准则，也是沟通双方传递信息、分享信息的基本准则，它可以有效保障内部的执行水平，保障内部交流的默契度，并借此提升团队合作的默契度。

进行民主决议，做出交叉决策

任何一个团队都需要制定各种各样的决策，有的团队看重管理者的个人能力和个人魅力，凡事一个人拿定主意即可，管理者在整个团队内拥有绝对的权威和权力，拥有绝对的决策权，他完全可以一个人就决定要做什么，应该怎么做。这种团队往往存在一个弊端，那就是如果管理者出现了误判，或者管理者的决策分析能力有限，整个团队很可能会陷入困境。而有的团队希望让更多的人参与到决策工作当中来，因为不同的人有不同的想法，有不同的知识点和优势，而且人数多的话，思考的面也很广，可以为决策提供更多有价值的建议，一方面用于降低风险，一方面用于提升决策的价值。

相比较而言，决策者的人数适当增加能够有效提升内部的信息交流，能够提升决策的科学性和执行的效能，尤其当团队内部推行民主决议的沟通方式时，效果更为显著。在那些优秀的公司中，民主决议成了内部沟通最重要的一种方式，公司内的各个团队都会将民主决议作为交流的一种基本形态。比如有些公司会明确做出规定，要求每一个参与决策的人到场，一个七人会议中如果有两个或者两个以上的人没有到场，那么整个会议的决议过程就无法进行，团队需要在下一次重新进行商议；如果团队中有一个人没能到场，那么这个人必须通过其他方式表态，表明自己的立场和态度（支持、反对或者弃权）。有的团队会规定每个部门安排一个员工代表参与高层会议，如果是部门内部的会议，可以安排其他部门的员工代表旁听，而其他部门的员工同样可以提出自己的想法和建议。这些规定无疑为内部的民主决议提供了形式上的保障，可以为决策的合理性、完善性提供帮助。

有的企业和团队未必会要求员工直接参与决策会议，毕竟任何一个会议都需要对相关人数进行限制，尤其是团队会议，一般人数不超过十个。这种情况下，团队可能会采取一些开放式的决议形式，让更多的人以场外参与的形式加入决议和商讨之中。

比如柯达公司会设立建议奖励机制，在柯达公司的走廊里，存放着一大堆建议表，员工可以将自己的建议和意见写在建议表上，然后随时放入任何一个信箱，这些建议表很快就会送到专职的"建议秘书"手中，专职秘书负责及时将这些建议送到有关部门审议，做出评价。公司设有专门委员会，负责审核、批准、发奖。对不采纳的建议，也要用口头或书面的方式提出理由。每次当公司决定实施什么重要计划，或者准备对某个项目进行重要决策的时候，就会鼓励员工提出各种建议，公司会在最短时间内收集并认真审核相关的信息，一旦采纳这些建议，该员工就会受到奖励。

这种决议一般针对整个组织或者整个公司的重要项目，如果是团队内部的工作事务，那么最合理的方法还是进行内部人员的决议。一般的团队可以采取头脑风暴法，这是一种在正常融洽和不受任何限制的气氛中以会议形式进行讨论、座谈的沟通方式，参与者可以积极发言，打破常规。头脑风暴最初来源于对精神病患者精神错乱的状态的分析，主要是指精神病患者自由不受拘束的联想和表达。随着管理学的发展，人们开始将这个概念运用到管理学中，并形成了一种民主的、自由的多人讨论方式，目的是产生新观念，或者激发创新的设想。

头脑风暴法的特点非常明显，比如多人参与，而且每个人都可以提出自己的想法，大家在沟通中往往会坚持求同存异的原则，始终保持开放和包容的沟通模式。为了确保沟通和讨论的效果，组织讨论的管理者会期待大家积极参与，并且鼓励人们提出更多不同的想法和观点，大家相互尊重、相互补充、相互启发、相互完善。

　　一些团队实行轮值主席的制度，在决策层内没有绝对的领袖，因此每个人都可以自由谈论自己的想法。一些团队会针对自身的实际情况，要求每个人都进行发言。欧洲某些企业会实行一些特殊的头脑风暴法，在解决一些问题或者制订某项决议的时候，公司会特意召开11人会议，然后与会者可以畅所欲言，谈论自己的立场和想法，对相关项目进行细致而全面的分析。在整个讨论的过程中，公司很少进行干涉，也不会提出太多要求和约束性的条件，唯一的一个要求就是在这11个人当中，当某个观点被多数人认同的时候，至少有一个人必须站出来提出反对意见，必须找出可能存在的问题，或者给出一个强有力的反对理由。公司之所以提出这样的讨论模式，理由很简单：每个方案都不可能做到十全十美，它总会存在这样或者那样的问题，或者有一些潜在的未被发现的错误和漏洞，而管理者要做的就是尽量确保这些方案不会出现大的差错，同时避免内部出现群体效应，导致大家盲目跟从他人的意见。

无论是哪一种决议的方式和制度，本质上都是为了让更多的人参与进来，这不仅仅是为了提升员工的归属感和主人翁意识，还是为了提升内部决策的合理性，毕竟如果一个团队陷入个人独裁管理的模式中，整个团队就会丧失活力，容易出现执行偏差。而民主决议则可以尽量丰富相关的内容，决策者可以充分考虑到各种可能出现的情况，吸纳各种好的观点，从而完善决策内容。

需要注意的是，内部的交流以及有关分歧的探讨都是正常的，不能过于情绪化，更不能将分歧当成敌对的立场来看待，在面对不同的想法和思维时，在面对不同的方向和观点时，应该保持必要的宽容性，应该懂得接纳更多不同类型的意见和建议，保持内部的团结与稳定。Y Combinator公司的联合创始人保罗·格雷厄姆曾说过："一个人想要创办一家公司太难了。即使创始人可以一个人做完所有的工作，也需要同事们集思广益，一起反思曾经做出的错误的决定。当出现麻烦的时候，要一起加油。然而，创始人之间的争斗太平常了，我们投资的创业公司中有 20% 的团队出现过创始人团队有人离开的情况。人心不齐何以征战天下？"对于任何一个团队来说，在坚持民主决议的时候，应该鼓励其他人提出不同意见，并且避免随大流的羊群效应。

此外，为了确保民主决议不会陷入相互扯皮、相互制衡的现象，参加民主决议的人数最好以单数为准。欧洲的企业或者团队在决策层内，很多都会设定单数的人数，比如3个人、5个人、7个人或者9个人，这样做的目的很明显，那就是确保不会形成决策的均势。比如很多美国企业喜欢采取4个人或者6个人的决策团队，这样在决策投票的时候可能就会形成2:2或者3:3的均势，导致双方之间的分歧难以得到合理的解决。而单数的决策层可以有效避免出现这种相互纠缠的情况，总有一方比另一方更占优势。

打造扁平化的沟通机制

　　一个高效能团队必须拥有强大的沟通网络和高效率的信息沟通机制，这样才能保证内部信息的及时交流和分享，才能将决策转化为执行成果。

　　在很多团队中，沟通的时候往往存在一些沟通不畅的情况，信息的交流容易受到各种因素的影响，并导致信息沟通出现误差，而这种误差会直接导致上层的命令与下层的执行相互脱节。这种脱节主要体现在信息传递过程中，比如信息的遗失和隐藏，一些重要信息可能会在传递过程中遗失，从而导致接收信息的一方无法了解信息的全貌。为了弄清楚事情的来龙去脉，双方只能再次进行沟通，这样不仅浪费时间，还增加了沟通的成本。

信息衰减也是一种常见的沟通问题。信息衰减其实也是一种信息遗失，一般和沟通渠道、沟通方式息息相关，如果沟通层级太多的话，信息就会在逐层传递的过程中不断减少。管理学上有一个著名的沟通漏斗理论：一个人想要表达100%的信息，如果在交流过程中只能传递出80%的信息，由于受到沟通环境、心理状态、交流方式的影响，对方可能只能接收到60%的信息，而这些信息中，对方或许只能听懂和理解40%的信息。等到最终执行的时候，也许已经跌到了20%的水准上。过多的沟通层级无疑会成为沟通的最大障碍。

除此之外，沟通中还存在信息谬误的问题。信息谬误是指信息在传递过程中出现的异变情况，第一个人传递的信息为A，到了第二个人这儿，信息变成了B，到了第三个人耳朵里，可能就变成了C。造成谬误的原因在于表达能力（信息编码能力）不行，信息传递过程中出现了偏差。尤其是当中间传递阶层的信息理解能力和信息传递能力不足时，信息谬误就有很大的可能出现。

相比于其他纵向体系比较复杂的团队结构，扁平化结构在信息传输方面更具优势，传递速度和效率更高一些。打造扁平化沟通机制一方面可以通过扁平化的结构设置来实现，另一方面则可以通过扁平化的沟通模式来实现。

　　所谓扁平化的沟通模式指的是非结构性的交流方式，简单来说，在一个团队中，核心管理者与普通员工之间存在一些中间阶层，正常情况下，核心管理者与普通员工之间的信息交流（指令下达与工作汇报、问题反馈）必须通过那些中间阶层。扁平化的沟通模式则是跳过中间阶层，核心管理者和普通员工之间直接进行交流。这种模式实际上就是一种信息流动的扁平化，管理者不必按照层级结构来传递信息。

　　谷歌公司的掌门人埃里克·施密特曾经说过："有一种矛盾，几乎所有的企业都难逃其扰：虽然人人都声称希望通过扁平式结构拉近与上层之间的距离，但实际上，多数人仍然从心底希望等级制度延续下去。而创意精英们却不然，他们之所以渴望扁平的企业结构，并不是因为他们想与上层平起平坐，而是希望给他们多干实事，因此需要加深与决策者之间的沟通。为了满足创意精英们的这一需求，拉里和谢尔盖曾经尝试过取缔整个管理层，还将这次改革称作'解散组织'。"

　　在这里，施密特谈到的改革指的是公司提倡的"无管理层"实验，这个实验从某种程度上来说不太符合现实，但公司的意愿是非常好的。为了真正实现扁平化的沟通机制，谷歌公司特意做出一项规定：每个人距离总裁的级别不超过三级。这样就极大地压缩了内部交流的层级，不仅如此，公司鼓励所有人主动接触高层，规定每个人都可以获得零距离接触高层反馈意见的机会。为了创造这样的机会，谷歌的两位创始人以及首席执行官在周五的时候会特意与员工们共进午餐，员工们在此时可以自由提问，自由交流，询问一些自己想要了解的信息，创始人也会尽量做出详细的回答。

另外，公司还提出了一个重要的法则——"7的法则"，即管理者的桌上堆放的直接报告不能超过7份。而这一原则有助于企业的组织结构趋于扁平化，毕竟员工获得了更多的自由，管理层的监督管理也相应地减少了。

很多公司都会选择扁平化的沟通机制，它们会尽量压缩沟通的层级机构，会压缩沟通渠道，将沟通模式进行简化处理。比如在通用汽车的企业内部沟通理念中，管理者鼓励内部信息沟通的直接到达，在他们看来最原始（信息的最初状态）的就是最好的。为了确保信息不会在沟通传递过程中发生太多的变动，通用汽车总部开通了一条内部沟通渠道——News Now邮件系统，员工可以通过这个邮件系统直接向最高层反映情况，提出建议和意见。此外，公司还设定了月度沟通策略工作会以及普通员工与总裁面对面沟通会议等最直接而简单有效的沟通渠道。这些沟通渠道有效简化了内部的交流，提升了工作效率。

管理学有一个"崔西定律"，主要是指一个人处理事情的困难程度与其执行步骤的数目平方成正比。也就是说，完成某项工作为3个步骤，其困难程度可能为9；当完成工作的步骤增加到5个时，其难度系数就会相应地增加到25。这对于信息沟通同样有效，当信息沟通层级逐渐增加时，传递的难度也会增加。反过来说，当沟通层级减少的时候，沟通的难度也会下降。

可以说，在扁平化的沟通机制下，员工的执行力更强，管理者的管控力更高，且顶层的意志下达速度更快，这对于团队执行力以及调整能力的提升是一个重要保障。

打造开放式沟通渠道，避免出现信息孤岛

随着科学技术的进步和社会的发展，整个世界成了一个地球村，而最重要的商品就是所谓的"即时信息"。在这个背景下，信息交流成了非常重要的一项技能，尤其是在团队内部，强化沟通不但是必要的，也是必然的。在一个团队中，每个人都具有沟通和社交的强烈需求，这是表达情感、释放心理压力、传递信息以及相互分享的一种重要方式。

不过团队究竟需要一种怎样的沟通模式呢？对团队领导者和管理者来说，最重要的就是要打造一个管理架构和营造同事之间的良性沟通氛围，它必须包含公开、自由、诚实、开放等基本要素。在这种沟通环境中，领导者和队员之间，队员和队

员之间都可以建立更顺畅的沟通模式和渠道，为双方的深度交流创造更好的条件，为彼此之间实现思维碰撞、感情升华提供帮助，同时能够有效释放矛盾制造的心理压力，保证内部关系的正常与和谐。

很多年以前，一些有远见的企业家对于内部的管理曾经做过这样一个设想："当公司中某个成员想要获得更多有关某种型号的产品信息时，想要获得某个最新的市场信息时，只需要将相关的问题公布在公司内部的某个交流平台上，其他部门的成员就会给他提供各种充分的信息：市场部将会主动提供最新的市场调研数据和市场行情报告，技术资源系统的产品部会在第一时间将产品的信息进行分享，生产研发部也会提供产品的一些重要数据……"

如今，随着互联网技术的发展，随着各个组织对于内部沟通网络越来越重视，团队内部的开放式沟通正变得越来越方便。很多优秀的公司和团队都将这种开放式的沟通模式作为内部交流的基本模式，它们会打造各种开放式的沟通渠道，建立开放式的沟通平台，并且营造开放交流的文化氛围。

有的公司会重点打造一个内部的交流网站，或者说在团队内部打造一个小型的交流平台，团队中的任何人都可以在这个平台上发言和分享，这些内网和内部的平台可以成为一个完美的信息中转站。有的公司会开通更多的沟通渠道，尤其是在部门之间开通一些开放式的交流通道，部门之间可以相互交流，这些通道存在的作用就是实现内部信息的一体化和及时性。还有一些公司注重对沟通模式的打造，它们会尽量创造一些开放交流的机会，比如内部会议的探讨，决策时的各抒己见，讨论的过程中不会设定太多的限制。

西门子公司非常注重内部的顺畅沟通，在公司内部设置了多个内部媒体，比如《西门子之声》《西门子世界》，前者是专门面对西门子中国员工的内部刊物，由西门子中国公司公关部编辑出版，一般包括视点聚焦、新闻回顾、人物写真、领导才能、创新前沿、万花筒等栏目，可以完整地将内部情况呈现出来。后者是西门子面向全球员工的内部沟通刊物，主要负责将西门子内部的相关情况介绍给西门子的全球员工，它一般包括封面故事、业务、团队、合作伙伴、趋势、家庭等栏目。不仅如此，公司每年至少进行一次员工沟通信息会，员工可以对公司政策、员工福利、职业发展等众多问题提出自己的看法和建议。

美联银行是美国第四大银行，多年来，它一直面临一个大问题，那就是内部员工交流不畅，这使得相关的工作经验和信息分享受到很大的限制，银行内部网中则烦琐地吸纳了1200个网站，交流起来非常困难。为了改变交流不畅、效能低下的情况，公司重新打造了一套知识管理系统。公司首先创建了一个功能强大的搜索引擎，直接连着部门知识库。然后在每个部门分别打造了一个由20000个用户知识群组建而成的知识资源中心，并且配备了知识资源小组，小组成员每周都会往知识库输入新的知识。最后每个部门的知识库连向互联网，成为一个庞大的信息分享库。从此，银行的办事效能不断提升。

如果说西门子公司和美联银行更加侧重于技术手段打造的沟通平台，那么沃尔玛公司则更加讲究开放式沟通的制度和文化。沃尔玛总裁山姆·沃尔顿曾经说过："如果你必须将沃尔玛管理体系浓缩成一种思想，那可能就是沟通，因为它是我们成功的真正关键。"山姆·沃尔顿认为沟通是引导沃尔玛走向成功的重要因素，内部频繁和顺畅的沟通为团队竞争力的提升奠定了基础。

实际上，沃尔玛内部的沟通状况一直以来都处于世界顶尖水准，无论是总裁，还是部门经理、普通员工，都被要求掌握实用的、高效的沟通技巧。为了提升内部的沟通能力，公司还特意安排导师对所有人进行培训，一些有经验的干部还要进行包括英语交流、谈判技巧、产品促销等各种沟通技能的培训。

不仅如此，沃尔玛公司的行政管理人员每周都要花费大部分时间飞往各地的商店，他们必须将公司所有业务情况通报给各个商店，为的就是让所有员工能够共同掌握沃尔玛公司的业务指标。

过去，团队内部的沟通渠道比较狭窄和单一，内部的沟通交流往往局限于文件通知或者工作汇报，而一个合理的开放的沟通体系则需要依赖更多的渠道和平台。需要注意的是，打造开放式沟通渠道不仅仅在于疏通上下级之间的沟通体系，还在于能实现内部成员中任意两个人之间的交流。任意两个队员之间都可以实现互动交流，可以及时分享信息，将整个团队打造成一个顺畅的沟通体系，有助于提高团队的效能。

在打造开放式沟通渠道的时候，最重要的就是保持开放。所谓的开放，就是尽可能让更多的人参与到团队沟通中来，这也是打造高效能团队的一个基本原则。只有更多人参与其中，只有更多人进行开放交流，才能确保整个团队的运作水平。如果说沟通是整个团队成功的基础，那么开放式沟通就为团队的效能提升提供了最基本的保障，毕竟任何效能的提升都源于执行水平的提升，而执行水平又受到沟通的影响，可以说开放的沟通模式可以有效提升整个团队的执行力。

强化员工互动沟通，促进经验的传承

一般来说，新员工在适应新环境以及新的交流环境时，往往需要一个过程，这是一个从"外部成员"转变为具有参与性和效益性的"内部成员"的过程。他们对于组织环境、工作要求、人际关系等多个方面都不够了解，因此需要一个融入的过程。这个过程也是组织社会化的过程。

组织社会化具有两个结果，近端结果就是组织内的学习，即希望从组织内部那儿获得更多有关工作的经验；远端结果是组织适应，就是在工作一段时间之后，融入组织环境当中，内部的交流也更加自然和深入。在组织社会化的过程中，新员工需要与老员工进行交流互动。

　　一个优秀的团队应该产生内部的经验交流和思维碰撞，这种碰撞最好具备一定的互补性和相互启发性，而在团队中，能够达到这种效果的最常见方式就是新老员工之间的互动。从思维模式和风格来考虑，新老员工之间存在很大的差异性和很强的互补性，比如新员工往往具有冲劲和活力，他们对未来充满了设想和憧憬，而且思维也更加活跃，他们本身接触的都是一些更先进的理念和思维，接触的是一些更具创造力的想法。相比之下，老员工的行事风格偏于沉稳，喜欢利用自己的经验做事。

　　新员工的缺陷和优势一样明显，由于经验不足，意气用事，富于冒险精神，他们很容易犯错，很容易走弯路，缺乏稳定性。而老员工一般会因为过于相信自己的经验而变得保守，甚至有些僵化，他们缺乏创造力和活力，工作上容易产生倦怠感。如果能够将新员工和老员工结合起来，那么双方就可以形成完美的互补，使得整个团队既具有稳定性，同时又具备活力和创造力。

　　从团队发展的角度来看，老员工实际上代表过去、现在以及经验，而新员工则代表着未来，双方的合作可以使团队更具竞争力。通过日常的沟通交流，老员工可以将过去的经验、技巧、文化底蕴、工作思路、能力和素养传承下去，让新员工更好地适应团队环境和工作氛围，让他们更快地掌握工作的要领，这是确保团队长久发展的基础。在很多团队中，老员工会充分发挥导师的帮带作用，帮助员工融入工作当中，并将团队内的精神文化、价值观传承下去。

而新员工代表了新的风气和动力，他们可以给相对保守沉闷的工作风格注入一些鲜活的力量，他们可以将自己所掌握的新理论、新技术、新方法拿出来与老员工分享、交流，彼此之间实现共同进步。

这些沟通往往是非常有益的，对于团队内部不同的工作模式、工作风格有着很好的协调性，新老员工之间可以更好地融合在一起。一般情况下，老员工会站在职业威胁、群体规范、自尊心三个维度上来看待新员工。从竞争的角度进行分析，新老员工之间在合作之外，还存在一些竞争关系，而这种竞争也是促进交流的有效方法，通过辩论和竞争，双方都可以不断提升自己的能力，不断改善自己的状态。

正因为新老员工的活动能够产生良好的互补作用，能够推动内部的协作意识和竞争意识，很多团队和企业都会想办法将新老员工融合在一起，推动内部的交流。比如日本很多企业内部非常盛行一种培训制度和沟通制度——"教父制"。这种制度和影视剧中的黑帮制度并没有什么关系，它是组织内部一种特殊的传帮带管理机制。日本的企业会特意安排一些老员工或者返聘一些有经验的退休工，帮忙指导新员工的工作。

在欧洲一些公司里同样盛行"导师制"，公司会专门为每一个新入职的员工配备一个相应的导师，导师的主要任务就是对新员工的工作进行指导，确保新员工快速积累工作经验，获得更丰富的知识和技能，同时提升适应组织的能力。一般情况下，导师会对新员工进行详细讲解，包括工作的细节、工作的方法、思维方式，尽可能地让新员工了解工作的一些基本运作原理，并且帮助新员工将书本中所学的理论知识和实际操作结合起来。

为了强化导师制度，一些公司和团队会对担任导师的老员工做出明确的规定：导师必须尽可能帮助新员工成长，他们应当在定期的述职报告中明确讲述自己该如何帮助新员工，给出一个比较完善的培养新员工的方法。一旦新员工在指导下的工作依然没有什么起色，那么负责教导的老员工的晋升将会受阻。在这种规定下，导师和新员工之间的关系就得到了强化，彼此之间的利益也被紧紧捆绑在一起，双方一荣俱荣，一损俱损。因此，导师必定会在工作中全力以赴，而新员工也愿意积极交流和配合，努力学习新的知识和经验。公司将导师制度和内部考核制度结合在一起，往往可以有效强化新老员工之间的培训工作，促使彼此之间进行深度交流，并保障交流的成果。

新老员工的互动交流是团队内部交流的一个重要组成部分，一般情况下，新老员工之间的交流如果更加频繁，如果内部的关系更加和谐，那么彼此之间的合作也会更密切，整体的办事效率和效能也会更高一些。从长远来看，团队将会实现良性的人才更替，保证企业中人才不会出现断层，而且整个团队的内部文化和精神价值将会得到继承、发展。不过，有一点非常重要，双方的沟通应该是平等的、自愿的，彼此之间应该相互尊重，这是双方顺畅沟通的前提，也是打造一个完整的、协调的、具有高度凝聚力的团队的基础。

在监督与审查中要及时沟通

在多数人眼中，一个团队大致的工作流程应该是这样的：领导者下达指令，然后执行者负责执行这个指令，完成上级交代的任务。可事实上，多数指令从计划到执行都不是一次性就可以完成的，它们需要不断进行完善和改进，需要对大方向、大目标之外的细节进行完善。也就是说，领导者和管理者必须对整个行动过程进行监督和审查，确保工作中的每个步骤和环节都能够按照流程去走，按照原来的计划和规定去执行，保障内部执行工作的顺利推进。

在任何一个团队中，管理者都会想办法对那些重要事项的执行过程进行监督。简单来说，管理者会对工作流程进行流程控制，这种控制的基本表现形态就是监督与审查，目的就是弄清楚执行的相关情况。比如弄清楚谁才是这个项目的负责人，这个负责人是否真的被上级授予了相应的职权；弄清楚负责人事前是否有工作派遣单，将高层的战略规划解码成执行者应该做的事；执行者是否认真完成了任务，哪些方面做得非常好，哪些地方有待商榷，存在哪些纰漏，这些问题是谁的责任范围；执行者会不会自动汇报，具不具备反馈的意识……

这个监督和管理的过程就是一个沟通的过程。在这个沟通过程中，领导者会对执行者进行提问，询问工作的相关情况，倾听对方对于执行的看法，了解对方的工作心态和执行状态，然后有针对性地对自己的想法及时做出调整。

一些在苹果公司工作的员工曾反映，苹果公司CEO 库克常常会在相应的工作任务完成之后进行提问，"他会问你10个问题。如果你给出了正确回答，他会再问你10个。如果你能坚持一年，他会开始只问你9个问题。如果你答错了一个，那么他就会问你20个，30个"。

越来越多的企业团队意识到流程控制和监督的问题，他们也积极推动内部执行体系、监督体系、沟通体系的完善。从20世纪90年代开始，越来越多的企业开始注重流程控制，越来越重视对流程进行监督和管理，并且希望通过监督来缓解和改善各种存在的问题。

透明的流程有助于领导者和管理者进行精准控制，当执行过程中出现了问题，他们就可以在第一时间了解是哪个环节出现了错误，出现了什么错误。这个时候他们就会找到相关环节的负责人，然后进行及时的沟通。需要注意的是，领导者应当进行绩效反馈，即通过审查对执行者的工作结果进行评估，然后将绩效评价的结果反馈给被评估的对象（执行者），并对被评估对象的行为产生影响。

很多时候，管理者会认为相关的工作在评价和考核之后就结束了。但实际上，管理者需要将考核的结果反馈给被评估、被考核的对象，管理者应当与执行者针对考核周期内的绩效情况进行面谈，描述考核的相关情况，对好的方面应当给予赞美和肯定，对一些不足之处也应该及时指出来，并且提供改进的建议，甚至双方之间可以直接商定改进计划。在必要的时候，管理者应当提出自己的期望，或者传达团队对执行人员的期望。

绩效反馈是整个执行流程中重要的沟通环节，它可以非常明确地指出流程中出现的各种问题，可以了解执行者在本绩效周期内的业绩是否达到所定的目标，相关的行为态度又是否达到了合格状态。在反馈中，管理者和执行者需要就评估结果达成一致的想法和意见，这种一致性是推动绩效改进的基本要求。接下来，双方可以通过对绩效周期的目标进行探讨，形成一个稳定而科学的绩效"合约"。其实在监督的过程中，执行者如果有什么疑惑和不解也可以向管理者或者领导者反馈相关的情况，可以将相关的信息向上反映。简单来说，这是一个双向互动的过程，无论是管理者还是执行者都必须把持沟通的主动性，尽量将相关问题理清楚。

宝马公司在绩效管理中遵循这样一个基本原则：直线经理会主动将其企业目标分解到个人和团队层面，然后向员工阐明具体的目标，员工在明确目标后努力执行。在这个过程中，直线经理会了解员工所分享和汇报的工作问题，并且帮忙找到改善绩效的解决方案，之后员工会持续进行反馈，直线经理则强化监督和审查，并且鼓励下属进行坦诚且卓有成效的沟通。正因如此，宝马公司多年来的办事效率和绩效管理都位于世界前列。

通用电气公司的医疗器械事业部曾经研究了一个改进型扫描仪射线管项目，这个项目进行了四年多的时间，而在整个过程中，杰克·韦尔奇始终参与其中。为了提升射线管的寿命，他每周都要求项目负责人发一份电报给自己，报告项目的进展。然后韦尔奇会依据工作进度和工作状态提供各种资源，给出有效的评价，并有针对性地提出自己的想法和建议。尽管项目研发团队有时候并不会接受他的看法，但是双方之间的交流总是非常及时、非常顺利，也非常坦诚。正因如此，这个扫描仪射线管的寿命被提升到了20万次的使用次数。

很显然，绩效反馈是流程控制中的一个重要的沟通内容，也是促进执行工作不断完善的一个重要方法。不过在绩效反馈的过程中，领导者必须做到有理有据，简单来说，就是领导者应该认真监督和审核执行过程，将相关的工作情况记录下来，如实收集基本的绩效考核信息，建立绩效档案，并且通过数据来分析执行者的优势和劣势。

当相关工作告一段落的时候，领导者要制订面谈计划，并将计划告知员工，双方约定时间进行交流。这种面谈形式往往以"一对一"的模式或者"一对多"的模式展开，面谈时间一般为10~15分钟；在一月一次的月度考核中，面谈时间一般不会少于30分钟；而在一年一次的年度考核中，时间一般在一小时以上。面谈无疑可以更好地分析和解决工作流程中的各类状况，提升工作效能。

第六章

领导思维决定了团队的上限

高　　效　　能　　团　　队　　设　　计

具有战略思维，立足于长远发展

在一个正常的团队中，内部的每个成员都具有明确的职责范围，其中领导者最基本的职责就是制定整个团队发展的战略规划。战略是团队发展的前提，也是团队执行的指导性纲领，制定战略的目的就是为整个团队的发展指明方向，为整个团队的执行设定一个大概的流程以及一个总的目标。它是整个执行体系和管理体系中的第一步，战略制定是否合理将直接决定团队的发展前景。对于一个致力于打造高效能的团队而言，战略的好坏直接决定了效能的高低。也正因如此，战略制定是考核一个领导者能力素养的基本要素之一，优秀的领导者必须拥有战略思维，这样一来，整个团队的发展才能立足长远目标。

一些管理者将团队的战略思维划分成三个方面的内容，分别是竞争、资源和顾客。以竞争为本的战略思维突出的是市场竞争中的地位和优势，团队必须比对手们拥有更多更大的优势才能在市场竞争中生存下去，才能赢得更多的发展空间。因此一个优秀领导应该建立这种战略思维，引导团队如何打败对手，如何从行业中脱颖而出，确保整个团队建立强大的竞争意识和竞争文化，为整个团队长远的发展寻求一种支撑性的力量和保障。

娃哈哈最初计划将自己的发展模式定义为加工别人的产品，这样做不仅不需要太大的成本，也没有技术上的压力和资金压力，更重要的是，公司只需要几十个人就可以完成加工工作，而每年的利润可以达到几百万元，这样一笔钱在20世纪80年代末称得上是一笔巨款，对于普通人来说非常诱人。因此当时公司内部的很多人都主张走加工的道路，这样不仅风险更小、负担更小，而且回报也很不错。

可是娃哈哈的创始人宗庆后却建议大家将目光放得更加长远一些。他认为一个团队想要获得更大的发展，就需要立足长远，需要花费更多时间来思考明天，并以此作为发展的重要因素。他建议公司直接开发新产品，打造属于自己的产品和品牌，这样才能提升自己的竞争优势。紧接着他制定了明确的战略规划，并且还拟定了可行性方案，分析出自己研发和生产新产品的市场前景。正因为他的远见，娃哈哈从众多饮料加工厂中脱颖而出，成长为国内最好的饮料品牌。

以资源为本的战略思维看重的是一种资源组合。作为一个团队生存和发展的最基本要素，资源是打造团队的基础，任何一个团队想要获得发展，都离不开资源上的保障。无论是人才资源还是资金，或者是其他必要材料，它们决定了团队发展的前景。一个高效能团队必须具备掌握优势资源的能力，这是把握发展机会，提升竞争优势，获得更多利润的关键；必须具备整合资源并达到资源优化配置的能力，这是提升效率，打造内部平衡的关键。

一家公司的新总裁上任之后，就将原先经营欧洲市场的30个营销团队减少为15个，然后将其他15个营销团队派往非洲市场。此举引起了内部的震动，很多高层都认为欧洲市场是这家公司的主要市场，不能轻易减少投入，而非洲市场还没有开发出来，根本没有太大的盈利空间，将一半的营销队伍派到非洲市场上，无疑是自毁优势。可是新总裁却认为欧洲市场趋于饱和，而且竞争只会越来越激烈，30个营销团队的安排无疑是一种资源浪费，反观非洲经济这几年开始慢慢发展起来，其市场开发的前景非常可观，如果能够尽早布局，那么就可以走在竞争对手前面，而且也可以在内部实现资源的优化配置。

在新总裁的多次劝说下，公司高层决定分出一半的营销团队，而正因如此，公司得以在非洲市场提前布局，并且在四年之后率先占据了非洲40%的市场，成了最具竞争力的企业。

以顾客为本的战略思维是市场战略思维中的重要部分。随着实物经济向服务经济转变，顾客的地位将会变得越来越高，可以说把握住了顾客的需求，就等于把握住了市场。领导需要重视如何维护团队与顾客的关系，而不是如何打造交易模式。他们必须顺应市场发展的变化，将顾客关系的维护当成整个团队可持续发展的前提。

　　有家钢琴专卖店在开张当天，推出了优惠活动，可是由于营销员的疏忽，一架标价10万元的钢琴被贴上了4万元的标签，结果直到出售之后他们才意识到出了差错。当时很多人都建议让购买钢琴的顾客在前来取货时补上另外的6万元，或者直接办理退货。专卖店的老总想了想，否决了这些提议，直接按照4万元的价格出售。对他来说，如果专卖店一开张就失信于人，恐怕难以赢得顾客的信任。事实也证实了这一点，在这件事传出去之后，专卖店的生意非常火爆，成了当地生意最好的钢琴专卖店。

　　对于领导者来说，战略思维是一项最重要的能力，是带领团队获得成功的基本保障。拥有战略思维的人可以把握发展的大趋势和基本方向，建立更为成熟的方案。战略思维是推动团队发展，建立高效能运作机制的关键。

树立权威，对团队形成领导力

在谈到团队管理和领导力时，通常都会谈到一个问题，那就是领导者的权威。领导权威是能够影响和改变人们行为和心理的一种物化性观念，是权力和威信的结合。一般情况下，对于那些在地位、权力、能力、声望等多方面占据优势的人，他们自然而然就会在管理中展示出自己的这些优势。

德国著名的社会学家、经济学家马克斯·韦伯曾对领导者权威的合法性来源的问题做过深入的考察和专门的研究，他认为领导者权威的合法性来源主要有三个，并由此形成了三种不同类型的领导者权威：传统型、法理型、超凡魅力型。

传统型的领导权威建立在宗法和血缘关系的基础上，具有明显的个人崇拜和独断专行的特点，带有一定的神秘色彩和人治的特色，最明显的就是古代的帝王。这一类领导权威来源于某种沿袭已久的习惯，当人们质疑领导者的权威有什么依据时，领导者完全可以说"历来就是这样"。

在一些家族企业中，由于家族内的权力一代代实现交接，人们对于领导者的服从建立在对传统权力的忠诚上。这种服从其实就是一种传统型领导权威在发挥作用，想要打破这种传统，就要跳出传统权力的圈子。

法理型领导权威主要建立在律法和制度上，而且具有民主、公正、公开、公平、规范、独立等特征。这种权威主要是通过律法和制度的合法性来约束人们的行动，迫使人们服从领导者的指令。这种权威往往可以以较低的成本实现资源的优化配置，并产生最大的社会效益，具有经济合理性。

社会公共需求不断发生变化，促使法理型领导权威的内涵和范围不断扩大。这种领导权威具有自我修复、自我完善的能力，可以充分保障团队的管理效果，保障权威的充分性和合理性。现如今，大多数团队和领导者都在追求这一领导权威，并将其作为管理和领导团队的重要保障。

那些超凡魅力型的权威领导者，其影响力主要来自个人的魅力，比如领导者充满了智慧和才干，在工作中表现出众，因此在要求别人做什么事情时具有很强的说服力。比如他们可能具有强烈的进取意识和自信心，具备强大的意志力和抗压能力，具备创意思维和专注力，这类卓越的个人品质往往可以为个人加分不少。这种魅力还体现在个人的道德素养和良知上，良知包含了个人的道德品质，以及个人对于下属的关心，对于工作团队的负责与忠诚。一个有素养有良知的团队工作者往往具有出色的人格魅力和正确的价值观，而这些是影响团队价值观的关键。一个对下属关心、对团队忠诚的领导者同样会培养员工的归属感。

树立超凡魅力的权威一定要注意以身作则。领导者想要引导和激发执行者表现出强大的执行力，那么首先就要确保自己能够克服一些执行过程中出现的拖延、自作主张、不守规则等不良习惯，坚持按照原则办事；领导者为了约束下属的行为，必须提升自己的自律能力，必须确保自己能够遵守规则和制度；领导者为了培养下属的团队意识和责任感，那么首先应当强化自己的团队意识和责任感。领导者必须控制好自己的一言一行，这样才能在员工面前树立良好的个人形象。如果团队领导者在工作中保持专注和热情，那么就会将这种专注和热情传染给下属。如果一个领导者在工作中保持乐观积极的态度和处变不惊的气魄，那么这种积极向上的情绪也会影响到下属的表现。

魅力型的领导者一般也都非常注意维护个人魅力，他们在工作中会表现出严厉的一面，会表现出对规章制度的严格把握，但是更多时候不会讲排场，也不会摆架子，而是与员工打成一片，建立良好的互动关系与最基本的信任。由于对个人魅力非常自信，他们并不避讳在员工面前暴露自己的弱点和缺点，反而通过这种暴露的方式来展示自己的亲和力。这类领导非常注重维护内部的人际关系，并认为领导与下属的关系是人与人的个人关系，而这种个人的关系有助于领导力的发挥。

一般情况下，优秀的领导会努力排除传统型领导权威，他们更加看重法理型领导权威和超凡魅力型领导权威。法理型领导权威的基本模式就是对制度的严格把握和遵守，通过完善团队管理制度来约束和引导员工的行为，告诉员工应该做什么，不应该做什么，并且对应该做的事情进行鼓励和奖励，对那些不应该做的事情坚决予以惩处。考核制度和奖惩制度是其中最重要的内容。而超凡魅力型的领导权威更看重个人的优良表现，或者说领导者会将自己最好的那一面呈现出来，并且以此来引导和说服员工保持同样的节奏和状态去面对团队工作。

中国的知名企业家柳传志在整个商界都具有举足轻重的地位，可他却是一个非常低调的人，与别人交谈的时候总是降低自己，让人完全感觉不到他的声名和威望。许多员工都曾跟着他创业，对他的人格魅力非常钦佩。不仅如此，他还是一个非常努力的奋斗者，一个很有血性的创业者，只要是自己认定的事情就一定会去做，并且千方百计做到最好，这种特质造就了联想的冲劲。虽然很有人格魅力，但是柳传志是一个典型的法理型权威领导者，他非常重视制度的约束作用。

富士康的郭台铭更是一个依靠制度来运转企业的成功企业家，和国内一些企业家越来越喜欢使用一些相对宽松的方式管理员工相比，郭台铭更加看重泰勒式的管理模式，制度决定了一切。而他本人在管理方面也非常强势，非常严格，为了让庞大的富士康王国正常运作，他一直都以最严格的方式管理企业和团队，并且将这种严格的模式贯彻到每一个细节上，灌输到每一个员工大脑中。

这些领导者都具备强大的权威，在内部管理中可以起到很大的约束和引导作用，确保每个人都可以保持工作的动力，提升团队的效能和竞争力，并带领团队成员为共同的目标而奋斗。

运用激励手段，开启员工的内在动力

美国哥伦比亚大学社会心理学教授海蒂·格兰特·霍尔沃森说过："你希望团队成员看到他们追求的目标具有真正的价值，事实上，你希望他们自己做出目标……研究表明，最大的动机和最个人的满足来自我们为自己选择的目标。自我选择的目标创造了一种特殊的动机，称为内在动机。当人们有内在动机时，他们会更有创意，更深入地处理信息，在困难面前能坚持更久，表现得更好。内在的动机是令人敬畏的能力，能让我们继续前进。"

因此团队管理者要在整个团队保持一致的目标时，懂得刺激和挖掘每个队员的内在动机。管理者在激发员工的内在动

机之前，首先必须明确员工工作且保持高效能工作的动机是
什么。

29%的工作人员认为做有意义的工作是他们工作的关键动
力；25%的受访者表示，钱能够激励他们；17%的人表示认同
是他们的动机来源；还有一些人则被其他一些因素所引导和
激励。

如果对以上的数据进行分析，可以发现最大的动机来源于
工作本身的意义和价值，即人们意识到这是一个有意义的工作
或者认为这个工作可以带来一些精神上的满足。那么如何才能
让员工对团队工作产生认同，并获得精神上的满足呢？

大家常常会引用这样一句话："如果你想造一艘船，先不
要雇人去收集木头，也不要分配任务，而是要去激发他们对海
洋的渴望。"也就是说，为了确保形成强大的执行力，首先需
要激发执行者的兴趣，而激发兴趣的方式很简单，就是描述一
个好的愿景，而这个愿景必须拥有更高的层次。

比如一个建筑师准备招收一批泥水匠，那么他该如何去吸
引泥水匠的注意呢？是直接告诉对方"我们需要一个会砌墙且
手艺精湛的人"？还是告诉对方"让我们一起去造出最牢固、
最漂亮的房子吧"？又或者是告诉对方"我需要招收一批能
够和我一同去改变这个城市的人，我们将让整个城市更具活

力"？很显然，第三种说法更具吸引力，因为第三种说法的格局更大，思维更加宽阔，更能够激起泥水匠对自身工作意义的挖掘，这种意义会让他们对工作产生更高的期待以及更大的积极性。

除了工作意义的挖掘和认知之外，最常见的就是物质上的激励，这是人类最原始的行动动机，在团队管理中，领导者同样可以激发人们对物质的追求。比如告诉员工执行某项任务或者加入某个团队就可以获得更多的工资收入，在团队中努力付出将会获得更好的发展机会。这些物质上的激励往往可以激发人们工作的欲望和野心，可以提升他们的竞争意识。

需要注意的是，在激励员工的时候应该坚持增量原则，简单来说就是人性的需求往往只增不减，因此应该注意不断增加激励的力度，而不要试图减少。比如有三个老板为了提升员工工作的积极性，准备给员工增加工资，在这里，姑且设定起薪为2000元，之后每隔一年增加一次工资，目前增加工资的次数暂且为3次。

其中第一个管理者给员工第一次加薪时，大方地给每个员工一次性增加了800元，员工的积极性提升了不少，工作效率提高了23%，公司的产量也提升了25%。一年之后，管理者再次加薪600元，这一次，员工的工作效率上涨了13%，公司的产量也上升了16%。可是第三次再次增加400元的工资时，员工的效率基本上没有什么变化，总产量也只是象征性地提升了3%。

第二个管理者第一次给员工加薪400元，第二次给员工加薪600元，第三次加薪800元，而这三次加薪，员工的工作效率每次都保持18%以上的增长，公司的总产量也始终保持25%以上的上涨势头。

第三个管理者第一次给员工涨薪600元，工作效率提高了20%，公司的产量也提升了23%。第二次涨薪600元，工作效率提高了10%，公司的产量也提升了13%。第三次再涨薪600元，工作效率提高了4%，公司的产量也提升了5%。

通过对比就会发现，第二个管理者的加薪方式更为合理，而这种合理性就在于管理者把握住了增量原则，始终能够迎合员工日益增加的利益需求，然后每一次逐步提升刺激的额度，确保员工可以保持强烈的工作动力。而第一个管理者采取了逐步减少刺激的方式，无疑最伤员工的士气，会损害员工工作的积极性。因此增量原则是激励方式中一个必须把握的准则。

另外一个重要的动机就是对认同感的追求，即员工渴望通过工作来赢得更多人的认同，反过来说，只要明确许诺或者提醒员工"如果做某事可以赢得认同和尊重"，那么就能够有效激发员工的积极性。或者说当他们在成功后及时给予必要的赞美和认同，将会激发出更大的工作动力。

比如一家公司的管理者每次在团队执行任务成功之后，就会召开庆功会，在会上，他会认真地分析每个人做出的贡献，然后无论对方职位高低，能力大小，他会对每个做出贡献的人给予肯定。这样的庆功会往往会让人感受到自己的存在感，会让人意识到自己被团队看重和认同，因此会在下一次工作中表现出更大的动力，而且也渴望获得更大的认同。

一般来说，领导者需要从以上三个方面把握员工的内在动机。对员工进行卓有成效的激励，就一定可以有效提升他们的积极性和创造力。其中，对工作意义的挖掘效果最好，而且持续性也更强，可以调动员工的自我意识；对员工进行物质激励，或者挖掘员工的物质需求，这种激励方式最直接也最常用；对员工的认同需求进行把握则是一种精神上的鼓励，一般可以和物质激励相互配合。

保持宽容，尊重内部不同的声音

著名经济学家、管理学家阿里·德赫斯曾经在荷兰皇家壳牌集团公司工作38年，依据这38年的工作经验，以及多年来对世界上那些长寿公司的研究，他得出了一个结论：那些长寿型的公司大都具有宽容的企业文化。这些公司的管理者和领导者允许内部出现一些脱离常规的行为，允许一些边缘事件发生，允许核心事业以外出现一些不相干的活动，允许内部存在一些非主流的思想。领导者往往会赋予员工足够的自由和宽容，会容忍内部出现不一样的声音，并且鼓励内部的创新活动。

包容是一个优秀团队应该具备的特质，是一个高效能团队的标签，也是一个优秀团队管理者应该具备的品质。管理者的包容性越强，员工对管理者的信任感和服从性越强，工作积极性越高，执行力越强，归属感也越强。对于管理者来说，以包容的心态来处理内部事务，还是协调内部关系、提升内部团队意识与合作水平的重要保障。

那么怎样才能体现出包容的特性呢？或者说管理者的包容应该体现在哪些方面呢？

从具体的管理方式和内容来看，包容性主要体现在给予员工自由表达、自由成长、自由发挥的机会和空间。员工可以谈论各种观点，可以获得自由发挥的空间，管理者不会对此进行干涉，不会压制员工，尤其是当员工产生一些非常规或者另类的想法，或者产生一些不一致的想法时。

Facebook公司内部，有一堵名为"The Facebook Wall"的签名墙，员工和外来方都可以自由地在墙上写出任何想说的话，哪怕是员工对公司有意见，也可以在这个平台上直接进行吐槽和发泄不满，任何人都无权进行干涉。公司这么做的目的不仅仅是打造一个自由、公平、民主的环境，还在于给员工寻找一个可以释放和发挥才能、创意的平台。而谷歌公司、阿里巴巴、百度公司、奇虎公司等也有自己的签名墙，这些签名墙更像是多元文化的真实写照，任何人都可以在上面签名，都可以展示自己的想法和状态。

在团队中，即便人们的目标保持一致，价值观保持一致，行为保持一致，但是在个人思维方面还是会存在很大的差别，因此在讨论事情或者做出抉择方面，不同的队员之间难免会产生分歧。其中有一些人可能会提出非常另类的想法，而在面对这些想法时，不要直接予以否定，而应该以包容的心态来倾听他人的表达，给予对方最基本的尊重。在很多时候，应该鼓励员工提出不同的想法，尤其是一些非常规的想法，这是激发内部创造性的关键。

有时候为了确保内部能够团结成一个整体，领导者要做的就是在坚持自己的立场和原则的同时，适当保持一个中立的态度，降低自己的倾向性和偏向性，当内部出现较大分歧时，不要直接说"自己更加相信某一方，而不同意另一方的观点"。为了避免可能产生的分裂，有时候需要发挥自己的智慧进行居中调停，寻找一个模糊的中间地带进行平衡，设定一个双方都不会排斥的结果。领导者必须具备强大的协调能力，必须具备全局性的眼光，在面对不同的利益方时，应该以综合性的目光来协调各方的意见或者利益。

包容性还体现在对不同类型的人才的尊重，对不同背景的人才的尊重上。这是一种用人制度上的弹性，是"不以出生论英雄"的一种法则。尽管一些高学历且有工作经验的员工更具竞争力，但事实上，学历并不能代表一切，只要对方有真才实学，一样可以纳为己用，过度采取高标准只会让一些优秀人才被拒之门外。

很多公司非常重视员工的背景，在招聘的时候常常会询问对方来自哪一所名校，会询问对方曾经在哪一家公司任职。对那些领导者来说，一个员工如果来自名校或者有过非常辉煌的工作履历，那么被聘用或者受到重用的机会会更大一些。这种看身份、看背景的应聘方法是很多企业非常看重的，而这也的确为他们招聘了更多的人才，但是索尼公司却采取了完全不同的应聘策略，在人才招收和任用方面，他们更具包容性。索尼公司曾经提出了"三不"方针，即"不准问、不准说、不准写"。"不准问"是指公司在招收大学生时不准问对方是否来自名校，不准过问学校的名称；"不准说"指的是大学生在招聘时没有必要强调自己来自哪里，没有必要强调自己的学校，双方也没有必要谈论这些话题；"不准写"是指大学生在投简历的时候，不要将自己学校的名称写出来。

包容性又体现在对错误的宽容上，这种宽容表现为给予员工试错的机会。一个宽容的团队应该给予员工犯错并改正错误的机会，团队管理者在面对那些犯错的员工时，不要一味指责和惩罚，如果错误并不严重，且行动的出发点是好的，那么就要给予员工试错的机会。

国内一家民营企业在起步的时候，曾经让一个新招收的大学生负责一个重要项目，当时大学生提出了20万的资金要求，用来购买项目所需的机器。在当时的条件下，公司想要拿出这样一大笔钱非常不容易，因此很多人都反对老总提供这笔钱，以免影响公司的正常运转。可是老总力排众议，拿出了这笔钱。

几个月之后，大学生负责的项目面临失败，这笔钱也就打了水漂，当时很多人纷纷指责大学生能力不行，大学生本人也觉得很内疚，并提交了辞呈。可是老总却拒绝了这份辞呈，他认为任何人都会犯错，而公司也应该给予员工试错的机会，他继续给予对方足够的信任和施展才能的机会。不久之后，大学生就带领团队在其他项目上获得了成功，并很快成了公司的骨干分子。

卡耐基培训机构的负责人彼得·韩铎曾经说过："在卡耐基培训的理念里，有'红灯思维'和'绿灯思维'两种思维模式。'红灯思维'就是凡事从困难出发，想到的是可能遇到的挫折和不顺利；而'绿灯思维'正好相反，更多地从美好的前景、光明的前途出发去思考。某种意义上说，'绿灯思维'是对人的解放，因为它让企业家放手去做，允许他们的员工，也允许他们自己去犯错。"

彼得·韩铎提出来的"绿灯思维"就是一种宽容文化的表现，管理者对于员工的一些行为要大开绿灯，要尽量给予一些方便。不过，包容并不意味着纵容和包庇，并不意味着允许他人乱来，包容需要坚守一定的准则，需要维持一条基本的红线，一旦员工触犯了红线，就会遭到警告和惩罚。比如腾讯公司的创始人马化腾在创业时几乎拉拢了一批大学、中学同学，当时这些人想要多加点儿钱占更大的股份，马化腾非常不客气地说："不行，根据我对你能力的判断，你不适合拿更多的股份。"任何一个团队管理者都应该守住自己的基本原则和底线，这是组建优秀团队的前提。

适当放权，增强成员的积极性

比尔·翁肯曾经提出了一个有趣的管理学理论：背上的猴子理论。这个理论中的猴子指的是责任和事务，是指管理者分配给下属的工作任务。这些猴子原本待在员工的背上，如果管理者将权力抓在自己手中，那么猴子就会从员工身上跳到管理者身上。管理者权力抓得越紧，那么背上背的猴子也就越多。

在日常管理工作中，很多管理者都有意无意地将更多的猴子背在自己身上，最终导致团队工作失衡，工作效率和工作效能也越来越低。在面对这种情况时，最简单的做法就是放权，通过放权来解放背上的猴子，使得更多不属于自己的猴子跳回员工身上。

　　放权主要分为分权和授权，分权即实现权力的分散，是指根据团队发展的总体目标，管理者将组织的决策权分授予若干重要组织成员。分权是企业组织层面的概念，比如将具有战略性的决策权分散给其他人。授权更像是一种托付，是让别人为自己做事，管理者可以将属于自己管理范围的一些不那么重要的事情、责任、权力让给别人。授权者只要交代清楚做什么、怎么做、做到什么程度就行了。他们对于下属工作的执行负有责任，也承担了最终的责任。

　　授权是为了更好地实现管理目标，而分权是为了实现权力制衡，避免出现重大失误，两者的本质还是明显不同的，但是两者的目的大致相同，都是实现团队内部的合理分工，都是提升团队的效率和效能。

　　因此，团队的领导者和管理者需要适当进行放权，应该将团队工作进行有序的、合理的分割，将权力进行合理的分配，确保团队力量的最大化，确保整个团队能够以正确的方式做正确的事。

　　首先，最高管理者要有放权的意识。作为团队管理者和掌权者，最高管理者应当明确一点，"自己根本无法解决所有的问题"，因此从一开始就应该将权力适当分配给员工，让他们帮忙负担一部分工作，而且最好让他们做各自最擅长的事情。

在下达指令之后，不要过分干涉员工怎样去做，只要做好适当的监督和审查工作就行。分权意识实际上源于一种正确的权力观和价值观，管理者应当带头冲破权力的束缚。

比如有的管理者是十足的权力控，他们会抓住任何一个能够展示或者证明自身权力的机会，不会轻易将工作交给其他人去做，也不喜欢别人对自己的观点提出异议，他们是那种所有事都希望亲力亲为的人。但一个人不可能做好所有的事，在很多不涉及核心利益或者不会颠覆核心权力的情况下，可以适当让别人参与进来，而且应该鼓励其他人参与到相关的工作中。

一些优秀的领导经常在会议上或者私底下征求其他人的意见和建议，他们还鼓励员工给自己发送邮件，提供一些更好的方法和理念，或者经常将手头一些看起来不那么重要的工作交给下属去做。对于他们来说，团队并不是自己或者某一个人的，需要更多的人参与进来，需要更多的人分权。

其次，管理者要制造一个更为合理的团队结构。在一个团队中，最高管理者或者核心负责人往往处于最核心的位置，然后其他人按照权力的大小慢慢辐射出去，形成一个自上而下的权力体系和团队结构。但是一个更为合理的分权结构需要体现出分权的特质，比如公司的决策层不应该变成一言堂。最高管理者和其他高层人士共同组建决策层，这是团队的核心领导层。往下就是各部门的管理者、负责人。再往下又会继续划分，每一次的划分都意味着权力的分化。如今有很多团队崇尚扁平化的组织结构，这种组织结构更加看重横向的权力分割和部门设置。

华为公司提出了三权分立的组织结构概念，所谓三权分立就是设置三个相互联系、相互制衡的部门，这些部门具备不同的职权，形成了相互补充、相互制约的特殊关系。华为公司内部各个三级部门以上的组织都会成立办公会议、行政管理团队，并成立跨部门的委员会，比如战略与客户委员会和人力资源委员会。

办公会议、行政管理团队、委员会直接构成了华为三权分立的模式，办公会议主要负责部门日常业务运作，强调部门首长负责制，部门首长拥有最后的批准权；行政管理团队主要负责干部任命之类的人力资源相关工作，强调的是一人一票的集体决策，其中，团队领导有最后的否决权，而没有最后的批准权；委员会专门讨论公司的未来发展方向，对重大决策有否决权。三个组织各司其职，议事规则也不同，形成了提议权、批准权、否决权上的三权分立。

最后，分权策略往往需要制度化，分权制度的建立可以有效保障权力的良性应用，避免权力过度集中带来的独裁主义（最高管理者）和小利益团体（部门管理者）。许多团队如今都会明确规定各个层级管理者的职能，并且制定一些特殊的权力制约制度。很多公司会设立主席轮值制度，公司高层领导会轮流当值，其中每人轮值一段时间。这样就可以确保每个高层人员都参与到管理中来，同时能够最大限度地形成一种权力的均衡和制约效果，防止权力集中在某一个人身上，从而实现内部权力的均衡。

努力成长为第五级领导者

许多团队都非常重视对领导者的选拔，都千方百计想要选出一个优秀的领导者，这样就可以带领团队更好地应对各种挑战，完成各种任务并实现预定目标。但是相比于吸收好的队员和员工，找到一个优秀的领导者难度很大，毕竟优秀的管理者和领导者本来就不多，而且很多团队对于优秀领导者的定义并不明确。优秀员工往往可以依据个人的工作技能、工作态度、个人履历来进行判断，而领导者的选拔无疑要复杂一些，毕竟相比于优秀员工的选拔，对优秀领导者的选拔要求无疑更多。

吉姆·柯林斯曾经提出了第五级领导者的概念，它主要是指那些具有谦逊特质和职业意志力的领导者，这类人往往是团

　　第四级领导者是高效的领导者，这类领导者具有明确的目标，而且一旦明确了目标，就会全身心投入其中，显示出过硬的职业素养。不仅如此，他们还是非常好的激励者和引导者，能够带领整个团队一起为目标而奋斗，提升团队的绩效。

　　第五级领导者是五级执行官，这类人具有强大的个人能力和领导能力，对于团队的掌控和管理非常到位，不仅如此，他们还具有谦逊的品质和强大的职业意志。在管理团队方面，五级执行官不仅看重团队目前的发展状态，而且擅长打造团队可持续发展的模式。

　　在这五个层级的领导者当中，第五级领导者无疑更具魅力，他们不仅位于能力层次的巅峰，而且在个性上具备强大的魅力。谦逊的个性与职业意志看上去有些矛盾，但是二者却可以很好地融合在一起，使得领导者具备更为强大的素养。如果进一步进行分析，就会发现第五级领导者具有成功者必备的一些特质。

　　比如第五级领导者理性而谦虚，不会在成功和赞美面前迷失自己，他们总是保持低调的作风，兢兢业业地工作，并且将成功归结到他人身上；他们往往表现得雄心勃勃，但在决策上却异常冷静，在执行上也显得果断而温和，这种作风会影响团队成员的工作模式；他们既有宏观的战略规划能力，也非常注重细节；他们具有很强的抗压能力和意志力，遇到困难和挫折时不会气馁，也不会怨天尤人，而是找出失败的原因。他们从制订长期发展目标开始，就坚定不移地贯彻和执行这个目标，即便遇到再大的困难，也不会轻易退缩，因此他们往往会带领团队走向成功。

金佰利公司前总裁达文·史密斯就是典型的第五级领导者，他从20世纪70年代开始担任公司的总裁，当时面临着很大的困境，一方面董事会成员认为他能力不足，另一方面公司遭遇了重大危机，经营困难且股价一直低迷。在内忧外患之下，达文·史密斯带领公司进行转型，向消费纸用品市场进发，并获得了惊人的成功，超过了当时名气很大的宝洁公司。公司的复兴有效提升了股价，其累积的股票报酬率超出了市场平均水平的41倍，连惠普公司和通用电气也相形见绌。

金佰利公司很快成了市场上最负盛名的企业之一，但是与之形成强烈反差的是达文·史密斯异常低调，甘愿隐身到幕后，以至于很少有人知道他就是这家公司的总裁，是他带领公司走向辉煌。这种低调谦逊的个性与强大的意志力使得达文·史密斯成为最神秘也最有魅力的领导者之一。

在国内，也有一个出色而低调的企业家，他就是段永平。许多人或许对他并不熟悉，但是只要提起他创建的品牌，可能无人不知，像步步高、vivo、OPPO都是他创立的品牌。和国内一些商界大佬相比，段永平的曝光率很低，就算是与同行业的余承东、雷军、罗永浩等人相比，他的名气也要小很多，但他所创建的那些重要品牌却已经深入人们的生活当中。

1982年，大学毕业的段永平被分配到原北京电子管厂（今北京京东方真空技术有限公司）工作，之后他考进中国人民大学经济系攻读计量经济学研究生，并且取得硕士学位。1989年3月，段永平成为中山市怡华集团下属的一家亏损200多万元的小厂的厂长，之后他发现了电子游戏机的巨大市场空间，于是迅速创立了小霸王。

由于向集团公司提出进行股份制改造的建议被驳回，段永平失望离开，并且重新开始创业。步步高品牌应运而生。步步高很快成为市场的新宠，但此时的段永平却选择退居幕后，以投资人的身份进行运作。随着vivo、OPPO风靡市场，段永平的身家也水涨船高，可是却没有多少人认识这位顶级富豪，在国内最出色的企业家、商人以及最富有的人的评选中，他常常榜上无名。这种低调谦逊的特质以及顽强的意志力，无疑符合第五级领导者的标准。

相比于个人的领导能力以及个人的管理才能，如今的团队对于领导者个人的魅力更加看重，对于领导者个人的一些品质更加重视，并且认为这些品质是决定个人影响力的重要保障，也是提升个人领导能力的关键要素。正因如此，第五级领导者的相关定义越来越受到大家的重视，团队领导者也努力让自己向第五级领导者的层次靠齐。

第 七 章

人尽其才，才能打造高效能的团队

高　　效　　能　　团　　队　　设　　计

寻求更有价值的人

1998年，亚马逊创始人贝佐斯给股东写了一封信，他在信中谈到了人才问题，强调要将人才价值作为招聘的前提："要想在变化快速的互联网行业获得成功，没有优秀的人才是不可能的，因此保证对应聘者的高要求，是亚马逊今后成功的最重要因素。"他还要求负责招聘的管理者在招聘员工时必须反问自己：

——"你是否欣赏这个人？"

——"这个人能否提高整个团队的工作效率？"

——"这个人是否能够成为某方面的超级明星？"

这三个问题成了招聘和人才管理的一个标准，如果笼统地进行描述，那么可以简化成对人才的招聘。人才是一个团队中最重要的资源，也是最基本的一种资源，团队中所有的要素和优势最终都要回归到人才身上。团队的资源是为人才服务的，技术需要人才去开发，管理模式是为了放大人才的能量，团队文化是对人才的引导和培养，执行力是人才的基本要求。可以说一个团队中所面对的所有要素最终都和人才产生联系，并且需要通过人才的任用表现出来。

正因如此，团队组建和团队管理的最终目的都要回到人才的利用上来。可以说一个团队如果可以招到更好的人才，可以找到更具价值的人才，那么整个团队的所有资源和优势都会发挥出应有的价值和功效。任何一个团队都会将人才的招聘和培养当成团队工作的重中之重。

特斯拉的创始人埃隆·马斯克非常重视人才，他的一个招人标准就是拥有一技之长，而且最好是领域内最好的。在成立特斯拉公司而SpaceX计划还未开始的时候，马斯克听说某个工程师曾经在自家后院里面做了一个史上最大的土火箭，这让他觉得有些不可思议，于是高薪聘用了对方，而这个人后来成了SpaceX的火箭设计师。

马斯克看中的是一个人的价值大小，看重的是对方能够带来的变化以及潜藏的能力。在创建团队的时候，他会将能力大小、价值大小当成唯一的衡量指标，这一点几乎融入工作的每一个细节当中。据说SpaceX工厂里面开了一个咖啡厅，因此需要招收几个营业员，对于一般人来说，只要随便招收几个技能熟练的营业员即可，可马斯克并不这么想，他找到了人事部门的主管，要求对方一定要到洛杉矶的咖啡店里面去找那些卖咖啡卖得最好的员工。

对于马斯克来说，人才构建了整个创业团队，如果没有找到更有价值的员工，马斯克的成功也就无从说起。对于这一点，即便是宝洁公司这样一家经营日用品的企业也深有体会。宝洁公司的一位前任董事长曾经非常自信地说："如果你把我们的资金、厂房及品牌留下，把我们的人带走，我们的公司会垮掉；相反，如果你拿走我们的资金、厂房及品牌，而留下我们的人，十年内我们会重建一切。"

对于人才的重视是打造高效能团队的重要前提，也是每一个团队管理者和领导者应该重点完成的工作。那么该如何寻求人才并打造一支更具竞争力且更具效能的团队呢？最简单的方式就是按照团队建设的需求寻找各个岗位上最出色的人才。团队需要技术型人员，那么就要重点招聘那些技术很强的员工；团队需要协调能力很强的员工，那么在招聘人才时就要重点关注应聘者的组织协调能力；团队需要出色的营销者，那么就选择那些口才很好、交际能力很强且具备耐心的员工。总的来说，每个岗位上需要什么人，团队就应该寻找什么样的人，这并非要求每个队员都是精英级别的人物，但是找到那些能创造价值且最适合团队的人至关重要。

在寻找有价值的员工方面，不同的团队管理者会存在不同的标准，会有不同的考量和要求，每个团队应该按照自己的真实情况和实际需求进行搭配，而不要一味地招收那些高学历人才，不要一味招收和培养那些所谓的全能型人才。真正的人才不一定都是精英，关键在于他们是否适合团队并且能够为团队做出贡献。

国内某商界大佬曾经提出了一个非常重要的人才梯队理论，他认为一个优秀的团队应该具备三个人才梯队，或者说应该重点招聘和培养这三种梯队的人才。

首先是黑天鹅梯队，这是因为社会的快速发展，科技团队必须打造一支主流队伍以及一支用于模拟黑天鹅的队伍，即红军和蓝军。红军负责对流程进行规划，蓝军负责找出流程中的错误和缺陷，从而督促红军不断自我完善，并养成忧患意识和竞争意识。微软公司就设置了"三足鼎立"的人才结构，软件设计员、编程员、测试员相互挑刺，相互指正，不断完善产品的性能。

其次是预备梯队，预备梯队看重的是未来接班的年轻队伍，毕竟任何一个组织和企业都会慢慢衰老和落伍，想要让组织和企业保持旺盛的生命力，就需要源源不断地补充新鲜血液，而预备梯队人才的供应可以顺利实现人才的更替。许多企业都会去大学招收人才，然后储备人才，这就是典型的预备梯队。

第三是能工巧匠梯队，这里指的就是技术型的人才，这类人才具备现实的竞争力，可以快速应对竞争激烈的行业环境。这一梯队的打造比较普遍，通常每个公司都会招聘这类技术型人才。

对于多数团队以及团队管理者来说，人才梯队的打造本身就可以有效保障内部人才的需求。不过，这样的梯队人才模式并不一定适合每个团队，每个团队还是应该根据自己的实际需求去招揽人才，提升团队的竞争力，为团队发展的进步提供最坚实的保障。

招聘不同类型的人才，实现优势互补

英国著名的管理学家德尼摩认为凡事都应有一个可安置的所在，一切都应出现在它该出现的地方。每个人、每样东西都有自身特有的价值和作用，都能找到一个最适合它发挥价值的平台，因此人们要做的就是将合适的人放在合适的位置上，将合适的东西放在合适的平台上。这就是有名的"德尼摩定律"，该定律在团队建设和团队管理方面具有很大的价值。

领导在任用人才的时候，应该根据员工的特点、能力、喜好来合理安排任务，确保员工去做最擅长且最能发挥价值的工作。营销能力强的就适合开发市场，技术强的就安排搞研发和生产，组织能力突出的就适合协调工作。团队领导者应该从全局出发，不能仅仅挑选一些重要岗位的人才，一些不那么重要的岗位上同样需要找到合适的人。只有让每个岗位上都找到合适的人，才能实现效能最大化。

这种人才资源的合理配置在管理学上有一个专有名词：交叉功能团队。所谓交叉功能团队是指同一个团队的不同成员最好能够来自不同的行业和领域，拥有不同的工作技能和经验，这些人可以形成良好的互补。交叉功能团队的组建有助于提升团队的应变能力，有助于放大团队的力量，从而强化团队的效能。

麦肯锡公司是世界上最负盛名的咨询公司，但在创立后的很长一段时间内，它的咨询水准并不算高，公司的发展也受到了很大的影响。20世纪70年代，公司决定进行改革，其中一点就是对内部的人员结构进行调整。该公司的领导发现内部的绝大多数咨询人员虽然也是很有效的问题解决者，但大都只是一些"通才"，这些人的知识面非常广，但是专业性却始终不算是最顶尖的，公司面对一些非常专业的问题时，这些通才无法给出最好的解决方案，也无法提供最专业的知识，这让公司的名声受到了影响。因此领导认为整个咨询团队必须做出改革，应该重点培养和引进某些在特定领域内掌握深入、全面、具体专业知识的"专才"型咨询专家，提升解决客户问题的针对性。

很快公司就吸引和招聘了一大批具有特定行业背景知识的专才型专家，这些人涉及各个领域，而且和通才型咨询专家一起组成了特殊的"T"型人才结构。这就极大地丰富了公司的人才储备，也为公司的发展奠定了基础。

如果说麦肯锡公司更加看重专才人员的引进，那么复星集团在打造领导团队时，更加注重对不同领域内人才的融合。复星集团的董事长郭广昌曾经带领下属打造了庞大的复星商业帝国，很多人都习惯性地认为郭广昌是缔造帝国的核心人物，但严格来说，郭广昌的核心团队包含了郭广昌、梁信军、汪群斌、范伟、谈剑，他们被称为"复旦五虎"。几个人组成的团队具有相互信任、能力互补、志同道合、各尽其才的特点。

复星集团董事长郭广昌毕业于复旦大学哲学系，副董事长梁信军毕业于复旦大学遗传学系，CEO汪群斌也来自复旦大学遗传学系，联席总裁范伟毕业于复旦大学遗传工程学系，监事会主席谈剑毕业于复旦大学计算机系。不同的专业类型使得他们可以在工作中实现互补、互助，从而提升决策的准确性和执行的效率。

1992年，几个人凑了3.8万元创业，当时他们意识到在生物工程和医药领域有很大的发展前景，就充分信任并授权给专业领域内的梁信军、汪群斌等人，然后迅速在医药生物领域获得了一桶金。在那之后，几个人一起创业，一起奋斗，发挥各自的特长，共同打造了强大的复星集团。

梁信军曾经评价过这个五人小组："郭广昌不保守，从来没有觉得有什么事情只能想不能做，他的系统思维能力很强，处事比较公正，是一个很合格的董事长；在他之外，最适合做总经理的是汪群斌，他对行业的战略意识敏锐，情商智商兼具，行动能力、学习能力和业务操作能力很强，是个领袖型的企业家；范伟呢，同他们两个人的优点很像，有点儿差异的地方就是他不太爱说话，是讷于言敏于行的人，但从品牌策划上，他又是其他人所不能及的；谈剑的学习能力很强，她分管我们的行政的时候，在财务上做得非常专业，一般的财务总监都比不过她，而且在人际关系和业务合作上，她都很有一套。"

当一个团队中出现各种各样不同专业的人才，且这些人才能够形成良好的互补时，整个团队也就变得无坚不摧，团队内的能量就会达到最大化。很显然，领导者必须具备整合资源的能力，他们必须能够合理配置资源，保障资源的利用率，同时要注意整合外部资源，解决内部的问题。其中整合人力资源以及合理利用和发挥人力资源的力量，更是领导者应该具备的一项能力。

华为总裁任正非曾经说过这样一句话："我个人对华为没有做出巨大的贡献，真正贡献大的是中高层骨干与全体员工。他们努力建立了各种制度、规范，研制、生产、销售了不少产品……不是我一个人推动公司前进，而是全体员工一起推动公司前进。我的优点就是民主的时候比较多，愿意倾听大家的意见，我个人既不懂技术，也不懂IT，甚至看不懂财务报表……唯一能做的是，在大家共同研究好的文件上签上我的名，是形式上的管理者。"一个管理者最重要的工作就是善于挖掘不同类型的人才，并将这些人才完美地组合在一起，确保团队力量的最大化。

确保成员明确自己的角色

作为一个管理者，必须主动去了解自己的团队，同时确保所有的队员对自己也有所了解。一旦管理者或者领导确保自己的团队成员可以清晰地了解和定位自己，了解自己的行事风格、执行要求、效果体验标准等信息，就能在团队内部建立起强大的执行力。队员们会在自我认知的方向上去努力实现自己的最高价值。

不过，在一个团队中，每个人所扮演的角色和所发挥的作用都是不一样的，想要了解每个人的角色并且确保每个人都可以明确自己的角色定位，就需要对每个角色进行深入分析。目前研究团队角色的理论主要有两个，一个是马杰里森和麦卡恩的团队角色理论，另一个是贝尔宾的团队角色理论。

按照马杰里森和麦卡恩的团队角色理论，团队角色一般分为八种。

——建议者

通常是提供信息或者鼓励他人寻找更多信息的人。

——联络者

这类人具有活跃的思维，是团队内部创造力的重要推动者。

——创造者

他们更加倾向于倡导和拥护那些新思想、新理念。

——评估者

这类人更加习惯于对各种可行性方案进行深入分析。

——组织者

他们一般负责建立相应的团队机构。

——生产者

主要负责执行，将团队构想落实到位。

——控制者

他们对于规章制度的推行情况非常重视，且非常注重细节问题。

——维持者

主要负责维持内外部的和谐，处理内外部冲突和矛盾。

贝尔宾的团队角色理论是目前最受重视的团队角色理论，该理论是由剑桥产业培训研究部前主任贝尔宾博士以及同事们提出来的，这个团队在澳洲和英国经过多年的研究与实践，发现一个标准团队的角色可以分为九种。

——智多星

这类人拥有强大的创造力，在团队内充当创新者和发明者的角色。他们能够为团队积极出谋划策，并习惯于运用自己的想象力独立完成任务，且能够做到标新立异。这类人在思维上非常活跃开放，可是在面对他人的批评时却反应强烈，而且他们的想法常常非常激进和超前，甚至不具备实施的可能性。

——外交家

这类人热情、外向，具有强大的行动力，他们是天生的社交人士，更是谈判高手，他们能够发现新的机遇和潜在的可能性，能够有效挖掘和利用身边的各种资源。更重要的是，这类人喜欢听取他人的想法和意见，为人非常随和。但这种人往往需要接受持续不断的鼓励，否则工作热情会逐渐消退。

——审议员

这种人态度严肃、谨慎理智，与外交家的热情截然不同，他们是理性的执行者，总是提醒自己应该三思而后行。为了避免出现一些不必要的错误，他们总是以审判的眼光审视一切。具备强烈的批判性思维，使得他们很少出错。

——协调者

这类人具备强大的协调能力和凝聚力，可以将不同的人凝聚成一个整体，并在同样一个目标和方向上努力。他们非常自信、沉稳、有远见，能够识别他人身上的优势，且具备良好的社交能力。

——鞭策者

他们是一群精力充沛且渴望获得成功的人。通常具有强大的驱动力，竞争意识强烈且富有挑战精神，而且对于胜利结果非常看重。他们具有天生的领袖气质，喜欢领导并激励他人及时采取行动。这类人的执行意识很强，并且在困难面前不会轻易退缩，他们能够想办法解决遇到的任何困难，但失败有时候的确会让他们的情绪产生很大的波动。

——凝聚者

这类人性格温和，善于人际交往，能够适应不同的环境，能够迎合不同的人，他们常常是最佳的倾听者，而且能够发现每个人的情绪状态和细节表现，这使得他们可以敏感地察觉到人际关系中的一些问题和环境的细微变化，但他们在应对危机时缺乏必要的手段，常常会表现出优柔寡断的特质。

——执行者

执行者是实用主义者，他们最擅长的就是努力工作，常常依赖强烈的自我控制力及纪律意识来约束自己的行为。这样的表现使得他们常常成为团队内最忠诚的人，尽管他们也有自己的利益追求（个人利益诉求不多），但是却能够合理地将其与团队目标结合在一起。作为团队内的执行者，他们更加适合的工作是接受指令然后付诸实践。过度的忠诚使得他们丧失了必要的灵活性和工作弹性，做事的时候容易一板一眼。

——完成者

这类人往往性格内向，具有良好的执行意识，他们甚至不用太多外部的激励和刺激就可以自主行动，完成分内的工作。这种人工作态度认真，关注细节，不喜欢和那些态度随意的人共事。在很多时候，他们都喜欢孤军奋战，并且自信可以完成相应的工作。不过这种人并不像表面上看起来那样从容不迫，他们会被内部的焦虑情绪所推动，但是又会做到量力而行，在自己无法完成的事情上，他们会及时放弃。

——专业师

这种人是专业的代名词，他们对于自己的专业技能和专业知识非常自信，而且常年专注于专业知识领域内的探索和提升，在很多时候他们可以在专业领域内获得很大的成功，不过由于对其他领域内的知识知之甚少，他们的工作渠道和生存空间比较窄。

团队管理者应当明确每个人的角色，并引导内部成员去认识自己所扮演的角色，这样就可以确保所有人各司其职，可以激发所有人工作的欲望和潜在的能量。需要注意的是，在确保每个员工明确自己的角色时，应该重点打造相应的系统环境，包括组织系统（总经理、财务部、市场部、生产部等职能部门）、体制系统（角色分工）、时间（组织对角色能力的要求随着时间的变化而不断变化）；应该明确角色的不可替代性，包括角色的能力、权力和责任都是需要进行重点定位的。

一个团队是否具备一套完善的基于角色分工的组织系统，是否具备了推动这个系统运转的完善机制，是否对角色做出了明确的分工，是否了解每个角色能否胜任该岗位的工作，是否鼓励每个角色只对自己的事情负责，只有了解了这些，才可以判定内部的角色定位是否合理。为了推动内部的角色定位和自我角色的认知，管理者还应该积极建立角色职业生涯规划机制，帮助每个成员去寻找和强化自己的角色定位，并且建立角色激励机制、角色能力培养和考核机制，提升内部成员的积极性和创造性。

刺激内部人才的合理流动

在IBM公司，有一个非常奇怪的现象，那就是员工的调动非常频繁。新年第一天上班时，其他公司的员工可能会互相问候"你好！"或者"最近过得怎么样"，但是在IBM公司，同事们之间聊得最多的话题可能是"你今年到哪个部门工作了"。

之所以会出现这种现象，主要原因就在于IBM公司实行一种名为"2-2-3"的岗位轮换制度。按照这种制度的规定，一名员工在一个职位上工作两年之后，上一年的绩效考核如果是二（即良好水平）以上，那么这个员工就有资格申请调换岗位，然后可以用三个月时间处理完在原职位所遗留的事务。这种特殊的换岗制度激活了管理者和员工的工作积极性，使得他们有更多机会接触其他职位，并且挑战更高的难度，而且内部员工也有了依据自身实力自主选择的权力，从而保障了工作的效率。正是因为轮岗制度的实行，IBM在20世纪80年代获得了高速的发展，爆发出了旺盛的生命力。

岗位轮换制度是比较新颖的一种人才管理制度，其主要目的就是激活人才的潜能，让员工可以在不同的岗位上得到锻炼，获得新的知识和技能，并且能够将不同岗位上的工作经验和工作技能结合起来，提升业务操作水平，丰富业务操作的技能。需要注意的是，在岗位轮换制度中，岗位轮换一般在联系紧密的两个岗位或者多个岗位上进行，毫不相干或者专业技能跨度较大的岗位轮换往往不会取得成功，还会打乱内部的人才部署，影响团队的整体运作能力。

此外，岗位轮换一般在管理层比较流行，底层的员工和执行者往往依靠专业技能工作，轮换的难度有点儿大。一些部门的管理者经常会相互调动，比如从一车间换到二车间，从二车间又跳到三车间。

而在管理中，还有一种常见的是业务轮换。业务轮换比岗位轮换要困难一些，轮换的范围一般也不会太大，比如一些主要干部可能会从主管研发的岗位上跳到管理生产的岗位上，这种岗位轮换往往可以激活内部的人才流动性。

　　无论是岗位轮换还是业务轮换，都是内部管理人才重新部署的一种方式，也是相互学习和交流人才管理经验的方式。内部的轮换并不一定就是业务或者岗位的改变，还有一些团队会实行交换生的原则，即安排一些有发展潜力的员工去其他团队进行学习和深造，这样一来，组织内部的各个团队就会出现人才相互学习和交流的情况。这种学习交流的形式往往能够促进内部信息、技术、经验的交流，确保每个团队可以形成优势互补。

　　除了轮换制度和内部学习交流之外，内部人才的流动还可以从其他方面获得提升，比如经常进行换血，定期淘汰一批老员工和能力不足的员工，然后输入新鲜人才，这是内部淘汰制度的一种表现。

　　目前多数企业和组织都存在人才流动低、流动困难的情况，内部人才的使用效率非常低，为了改善这种情况，必要的人才更替和淘汰制度对于激活内部的能量和竞争力很有帮助。而在类似的竞争淘汰制度和考核制度中，许多团队会设定更为合理的严格的人才管理制度。

　　比如很多团队会进行全体员工的考核，内部员工采取下岗再就业的方式竞争岗位，如果下岗后重新考核的成绩合格，那么就可以重新上岗，如果下岗后重新考核的成绩不达标，那么团队领导者会根据具体的考核成绩对其进行降级处理，甚至直接开除。一些不希望竞争上岗的员工可以直接选择离开。

国内某公司曾经推行了市场营销部全体员工下岗竞业的模式，每隔一段时间（通常是五年），公司就会强制要求所有员工下岗，每个人必须提交辞职书，然后申请重新就业。这个时候公司会采取公开、公正、公平的方式进行考核，如果可以通过考核，就会重新回到原来的岗位上，一些考核成绩特别优秀的会得到提拔，而那些表现糟糕的需要重新学习并降级。这种下岗再就业的方式有效激活了原本如同一潭死水的人才结构，激活了员工的上进心和竞争意识。

下岗再就业的模式或许有些残酷，但却能够最大限度地确保每个岗位上的人才分配合理。一些团队会根据年度考核的成绩，或者连续几个年度考核的成绩进行评判，分析该员工是否适合自己的岗位，是否适合自己的工作，对于那些表现不好的人，团队会给予新的考核机会，让他们选择其他的岗位进行尝试，如果考核通过的话，就会将其分配安排在新岗位上。

从效果上来说，淘汰竞争模式是最直接的人才流动激发形式，也是提升团队执行力和效能的关键。不过那些致力于打造高效能团队的领导者完全可以按照团队的实际情况采取不同的策略和方式来促进内部人才的流动，或者也可以将各种促进方式结合起来使用。

强化员工的意志力和抗压力

福特公司在很长一段时间内都是汽车制造领域内的佼佼者，尤其是对于发动机的研发更是处于世界领先位置。在20世纪70年代，随着V6发动机的普及，福特公司的负责人亨利·福特二世某一天突然产生了一个疯狂的想法，那就是尝试在引擎中安装8个气缸。这个设想具有很大的超前性，毕竟在当时的技术条件下，很少有人会这样去想，更没有多少人敢于挑战这样的难度。当福特提出这个想法时，公司内部很多股东和工程师都表示不可思议，他们认为这项研究基本上没有任何成功的可能。

但是亨利·福特二世下定了决心，他重新组建了一支研发队伍，并且很快投入研发当中。正如其他人所估计的那样，研发进程很不顺利，研发过程中遭遇到的一个个技术难题让人崩溃。很多工程师一开始还具备一些信心，但是接二连三的失败和打击让他们变得很沮丧。来自外界的非议也让整个团队压力重重，很多人都想要放弃，最初建立起来的信心和决心一点点耗尽。亨利·福特二世从旁进行鼓励，表示自己坚信团队可以完成新型发动机的研发工作。之后的很长一段时间里，尽管研发团队在失败和挫折中反反复复，但是团队始终对研发工作保持着一丝希望。而正是这仅存的一点信心和耐心，使得团队坚持下来，并最终研发成功，这个新的发动机就是V8发动机。

　　管理学专家后来在分析亨利·福特二世领导的研发团队时，提到了一个词：意志力。他们认为强大的意志力是这支队伍最终获得成功的关键。那么什么是意志力呢？如果进行具体分析和解释，那就是一种自控力，最常见的一种形态就是耐力。一个人越是能够忍耐环境带来的影响，越是能够在环境的干扰下控制自己的行为，他的意志力也就越强大。对于团队或者个人来说，意志力是创造力、执行力的重要保障，因此团队更需要那些意志力强大的员工，更需要关注意志力的培养。

　　《意志力》的作者罗伊·鲍迈斯特曾经做过一个实验，他安排三组能力相近的测试者做了一大堆无解的题目，其中第一组直接做题，而第二组、第三组的成员在做题之前被带到一个房间里，房间里放着烤饼干和萝卜，第二组测试者允许吃烤饼干，第三组成员只能吃萝卜，大家可以吃完食物后做题。

在面对难度很大的题目时，第一组测试人员与第二组测试人员坚持了大约20分钟（没有完成解答），第三组成员平均只坚持了8分钟。罗伊·鲍迈斯特分析后找到了原因，原来第三组测试者之所以坚持的时间最短，主要在于在房间里挨饿时，他们一直都在抵制烤饼干的诱惑（不能吃烤饼干），这种抵制消耗了大量的意志力。而当他们答题时已经没有更多的意志力来支撑他们的信心和耐心了，于是只能过早放弃答题。

按照罗伊·鲍迈斯特的说法，如果强迫人们去做一些自己不想做的事情，强迫人们去做一些自己无法完成或者难以完成的事情时，可能会在对抗中丧失大量的意志力。这也是很多团队缺乏韧性的原因，团队成员一旦遭遇自己无法完成或者不喜欢做的事情时，意志力就会下降，这个时候用于解决困难的信心和耐心就会消耗掉。而解决这个问题的最佳方法就是想办法强化团队内部成员的意志力。

意志力的高低往往和自我认知有关，一些人不清楚自己的意志力有多强，常常会在困难面前产生消极的情绪，对此管理者应该给予员工更多的信任和鼓励，提升他们的士气，提升他们的工作信心。最常见的就是鼓励和引导员工去认识自我，帮助他们挖掘出自身的优势和潜力。当员工意识到自己的优势和能力时，他们的自信心就会得到提升。

对于那些意志力不强的团队，团队管理者需要经常安排一些挑战项目，让团队接受各种锻炼，帮助队员在困难和磨炼中锻炼自身的能力，强化自己的意志力和忍耐力。这种强化可以从一些难度相对较低的挑战项目开始，然后随着队员的不断成长而逐步增加难度。这种方法被称为暴露法，其基本的原理就是让员工直接面对那些可能消耗意志力的事情，然后在不断的消耗和克服中提升耐力。

很多时候，意志力的流失和消耗可能在于专注力低下。专注力不强的人往往缺乏耐心，而且意志力的消耗非常快，因此管理者需要积极培养员工的专注力，引导员工将注意力集中在工作上，全身心地投入进去，防止受到外来压力的干扰。

除了以上几种方法，管理者还需要强化制度的约束作用，明确告诉员工只要确定了任务目标，就一定要想办法坚持下去，如果轻言放弃或者半途而废，将对造成的相关后果负责。这种明确的制度往往会促使员工保持工作的决心和耐心。

无论是工作中的激励、设置项目挑战，还是进行制度约束，总体上来说都是为了推动员工的行动，确保员工可以爆发出更强大的精神力量。

高效能团队的思维特质

利用"二八法则"，把握那些最重要的工作

1897年，意大利经济学者维尔弗雷多·帕累托在对英国人的财富和收益模式进行调研时，偶然间发现某个族群占总人口数的百分比和他们所享有的总收入之间有一种微妙的关系。经过深入挖掘和分析，帕累托总结出了一个原则，这就是"二八法则"。多年来这个法则在各个领域都体现出了具体的价值，比如20%的人掌握了80%的财富，20%的人际关系决定了80%的成功，而在团队管理中，可以说20%最重要的工作决定了80%的价值。也就是说在团队管理工作中，应当重点把握最重要的20%的工作。

这个法则提倡人们在团队建设和管理的工作中要抓关键人

员、关键环节、关键用户、关键项目、关键岗位、关键问题、关键方法、关键的工作，而不必将注意力放在事物的每个方面上，只要集中精力做好20%最重要的工作即可。在现实生活中，80%或者20%有时候只是一个大概的数字而已，关键在于人们需要注重去掌控那些最重要的东西。效率大师艾维·李曾经要求人们在工作之前先将每天要做的最重要的六项工作列出来并先行解决掉，这也是把握最重要工作的一种表现。实施这些工作方法的目的就是确保能够提升工作效率，并获得更大的效益。

麦肯锡公司曾经提出了一个重要的词汇："关键驱动因素"。"关键驱动因素"即对那些能够起到关键作用的事项进行把握。推动事物发展，决定事物性质的往往是那些最重要的因素。对于人们来说，无论是做事，还是打造一个团队，最重要的是懂得找到并解决那些起关键作用且具有重要价值的事项，而不是把所有问题、所有事情一字摆开，逐条进行分析。

在一个团队中，人们总是会面临各种各样的工作。工作永远是做不完的，只要去做，总是有事情可做，但每个人的时间、资源、精力都是有限的，而且并非所有的工作都具有价值，或者说并非所有的工作都能够带来高额的回报。一个高效能的团队必须懂得如何取舍才能获得一个更好的结果，因此队员必须对工作进行排序和分类，必须对整个工作的价值进行评判，确保自己可以在有限的时间和有限的资源中获得更多的利益。在这种情况下，团队管理的一个重要方向就是确保将大部分力量集中在那些最重要的事情上，比如花大部分的时间用来应对最重要的工作，将大部分资源投入最重要的工作中。这是一个成熟且有效率的团队应该具备的特质。

众所周知，苹果公司最挣钱的业务是手机，手机业务占了整个苹果公司总业务量的一大半，虽然iWatch可以吸引一部分消费者，Apple TV看起来很酷，可是市场非常有限；支付业务也可能具有吸引力，但在短期内无法颠覆市场，毕竟苹果的支付业务并不占任何优势；iPad如今已经没有利润空间了；苹果公司正在造新能源汽车，但看上去依旧遥遥无期。这些项目最终可能并不会对苹果公司的业绩增长带来多少帮助，所以库克更希望将精力继续投入在iPhone上，要知道iPhone手机的利润占据了全球手机利润总额的90%以上，苹果公司没有任何理由放弃这块业务。

许多人认为乔布斯去世之后，苹果公司的创新能力不断下降，苹果公司将会快速走下坡路，但是在后乔布斯时代，库克选择缩减研发范围，带领苹果新团队专注于iPhone手机业务，的确让苹果公司的股价上升到了历史的新高，没有人会质疑库克带领了一个优秀的团队。

一个好的团队，一个好的管理者是不会要求自己和他人去完成所有工作的，比如许多人常常认为通用电气公司的CEO杰克·韦尔奇，微软公司的创始人比尔·盖茨以及股神巴菲特这样的成功者都是工作狂，但事实上，这几个人都有自己丰富的娱乐时间，巴菲特甚至每天下班之后都要玩一会儿桥牌。而他们之所以拥有额外的娱乐时间，就在于他们对自己的工作始终都是有选择的，他们只需要做好最重要的工作，做好价值最高的工作，然后其他的一些工作要么交给别人做，要么有选择地忽视。不仅如此，他们还要求自己的员工也要注意把握好这样的工作原则。

据说，在斯坦福大学的管理课程中有这样一个教案：有位企业家在考核参加实习的工程师时，给出了四份工作让他们去做，并且约定当天必须完成，其中第一项工作的最高得分是五分，第二份工作的得分是三分，第三份工作的得分是二分，第四份工作的最高得分是一分。第一个工程师一直加班到半夜，好不容易将工作做完了，他的得分分别为四分、二分、二分、一分，总分为九分；第二个工程师做了两件事情，然后在下班的时候将工作汇报给企业家听，他的分数分别为五分和三分。

从总分上来说，第一位实习生的分数比第二位实习生的分数要高，可是企业家最终却选择将第二位实习生留下来。许多人都对这个企业家的决定感到不可理解，公司内部的一些股东也都认为这样的选择缺乏合理性，企业家说出了自己的想法：公司没有必要招到一个能解决所有问题的人，它们最关心的是自己能否招到那些能够解决重点工作的人，公司也不希望有员工试图将所有的事情做完，做好那些最重要的事情才是关键，如果每个人都试图做完所有的事，那就意味着每件事可能都做得不那么好。

对于一支高效能的团队而言，效率和结果是最重要的要素，而集中资源、时间、精力去做那些高价值的事情，才能真正获得高额的回报，才能兼顾效率和效益。一个团队如果在资料中提取了20%最重要的信息，如果研究了20%最有价值的问题，如果把握住了20%最值得合作的客户，如果找到了20%起到决定性的因素，其实就代表了成功，代表了团队已经成长为高效能的团队。

打造一个均衡发展的高效能团队

众所周知，任何一个组织想要获得发展，都需要内部良好的配合，需要诸多部门和环节相互协作。一支善于进攻的军队，最需要的不是更多的兵力，而是强大的后勤保障，军队在战场上长驱直入却没有后勤的支持，就容易导致危机的产生；一个企业非常善于开拓市场，可是如果研发跟不上，这些市场迟早也会失去。而从合作中还延伸出一个最基本的概念，那就是均衡。均衡是协作的一种绝佳状态。

那么什么是均衡呢？简单来说就是某件事物的各个方面都表现得平衡，这种平衡往往体现在很多方面。比如对于团队来说，均衡表现为发展与稳定的关系，即团队在发展的同时应避免陷入盲目发展的状态，良好的发展应该建立在稳定的基础上，这样才不容易出现发展失衡的局面。这种稳定和发展兼顾的发展模式也是可持续发展战略的一部分，有些团队非常重视眼前的利益，重视某一个领域内的利益获得，就会盲目追求发展速度，却忽略了长远的发展规划，忽略了长远的利益考量，也忽略了一个稳定的状态对于团队发展的作用。

比如在二十几年前，国内许多民营企业开始进行扩张，很多企业都处于高速发展、高速扩张状态，结果导致一个严重的问题，那就是过快的发展是以牺牲稳定性为代价的，一些企业非常冒进，甚至完全失去了控制。此外，如果团队的高速发展缺乏相应的管理手段，企业的管理跟不上，同样会使得企业的发展难以受到有效而稳定的控制。

均衡还表现为内部和外部的均衡，即团队发展与外部竞争环境的变化应该相得益彰，换一个更贴切的说法就是维持生态平衡。在社会学上有一个著名的半球理论，即某领域内领导者最多只能占据半个球那么大的面积，换句话说，任何领导者在领域内的份额最多不能超过一半。一个大品牌不能在市场上盲目贪多，那些试图统治整个市场的品牌往往会陷入困境，因为一旦超过了一半的市场股份，就可能会给自己的发展制造麻烦，而且过于庞大的规模和市场份额也会抑制该品牌的创造力和竞争意识。

多数企业和团队都具备惰性，它们往往都是被竞争环境推着往前走的，在面临巨大压力的时候，会爆发出强烈的竞争意识。当自己一家独大，且面临的压力慢慢减弱时，它们往往会失去竞争意识和警惕性，这个时候它们便有可能被自己绊倒。

正因如此，一个优秀团队必须打造一个良性的生态圈，保持一个合理的平衡的竞争状态。在打造竞争优势的时候，要注意给对手留下一定的生存空间，懂得维持外部竞争环境的基本平衡，不要总是想着一家独大。一般来说，在某个领域内，一个团队的发展规模上限最好以三分之一为宜，一旦超过了这个比例，就容易破坏整个生态平衡，最终影响自己的进步。

一个良性的市场应该具备更多优秀的竞争对手，这样才能维持生态平衡。诺基亚就是一个活生生的例子，诺基亚曾经占据了90%的手机市场份额，结果到了21世纪初，它开始故步自封，从无人与之竞争的状态中迅速陨落，最终被市场淘汰。

另外，均衡还表现为团队内部力量的均衡，这也是均衡最常见的一种形态。美国管理学家彼得提出了一个著名的"木桶理论"，该理论认为木桶通常是由许多块木板箍成的，而衡量一只木桶盛水量的多少，取决于桶壁上最短的那块木板，而不是最高的那块木板。也就是说，木桶最短的木板成了这只木桶盛水量的限制因素（短板效应）。反过来说，如果人们想要提升水桶的盛水量，就必须增高那块最短的木板。

如今越来越多的公司和团队更加看重核心优势，它们并不追求方方面面的完美，而是想办法增加和强化自己的优势项目，提升自己的项目规划能力。这种方式往往可以使得团队的竞争能力得到强化，毕竟突出核心优势是提升生存能力的关键。如果从培养团队内的高效能来看，团队内的管理者需要对相关的资源进行协调和调配，需要确保每个环节都可以得到提升和强化。因此，团队在发展的过程中应当想办法保持均衡的态势，对于团队内部各个方面都要有所关注，不仅要突显出自己的优势，同时也不能以忽略和牺牲弱势来成就优势的价值，因为如果不注重对弱势进行补强，内部的弱势就可能会遭到对手的重点打击。

一个优秀的团队应该保持均衡的状态，它未必要保证任何一个环节和组成部分都保持强大的竞争优势，最重要的是能够确保团队在突出核心竞争优势的前提下，其他环节不会落后。这样一来，在彼此协作配合的时候就不会出现相互脱节的问题。

总而言之，一个高效能团队更加看重的是内部的合作，看重的是发展的战略规划，看重的是内外部环境的整体性把握，而这些都需要打造一个均衡的发展模式。

简化团队运作模式，让工作变得更加高效

无论人们是否愿意承认，从社会发展的角度来说，整个世界正在趋向于复杂化。越来越多的人认为从西方世界进入工业时代开始，无论是欧洲人还是美洲人，都在工业化的影响下创造出了一个复杂的社会体系。这个体系正在全球范围内扩张，在工业化、现代化的进程中，大部分组织和人都无法脱离这个趋势的影响，诞生了更多复杂的新知识、更多复杂的方法、更多复杂的机构组织以及更多的运作模式。从一开始，多数人就在与"简单"模式背道而驰，这样的深层因素很大程度上影响了人们的选择。

仅仅从团队组建、管理和运作的角度来分析，就会发现人

们研究的理论越来越多，组织结构越来越臃肿，管理的方法越来越多，经营的范围越来越广，运作的模式越来越复杂。越来越多的新东西使得原有的生活和工作正在变得越来越烦琐，越来越难以控制。

很多人对于团队建设存在一定的误解，认为团队内的运作越复杂，就代表了整个团队的发展状况越好，内部的发展潜力越大。毕竟只有那些大规模的跨国公司才真正达到了复杂的程度，无论是组织结构、经营的方向和内容，还是内部的管理模式，都趋向于复杂化。但这或许只是人们的一个错觉而已，真正优秀的组织往往大而不乱，其内部的团队更是具有单一的特质。

宝洁是世界著名的洗护用品品牌，它的产品非常丰富，几乎涉及各种生活用品，即便同一种产品也常常存在多种型号和类别。比如宝洁公司曾经生产了多达31种海飞丝洗发水和52种佳洁士，为了将这些产品全部推销出去，公司对每一种产品都制订了相应的促销方案。

这一系列的促销举动原本是为了细分市场，尽可能抓住不同类型、不同层次的消费者，可结果却恰恰相反。在面对如此众多的同类型产品以及不同的促销方式时，顾客显得有些不知所措，而复杂琐碎的促销模式也让内部的工作人员感到心烦，工作效率不断下降。

意识到问题的严重性之后，宝洁公司开始进行改革。首先公司高层决定修改生产计划，将产品配方标准化，这样一来就直接缩减了不同产品的生产线，从而保证生产线的统一和产品类型的简化。其次，公司刻意减少复杂交易、优惠券及促销活动，尽可能统一产品的营销方式和促销方式。经过改革之后，产品的定位变得更为清晰，消费者对产品的认知度越来越高，而公司员工在营销和促销时更加简单方便。正因如此，在短时间内，公司的市场份额就增加了三分之一。

其实宝洁公司的瘦身计划就是一次简化行动，目的就是将烦琐的营销和管理工作进行简化处理，提升运作的效率和效能。很多优秀的团队都非常注重这类瘦身计划，它们会尽可能地让组织变得更加灵活，更具竞争力。不同的公司往往会采取不同的方式进行瘦身，也会采取不同的发展策略，但目的大体相同，就是给团队减负，提升机动性和针对性，这才是竞争力和高效能的重要保障。

有些手机制造商一年可能会推出好几款手机，寄希望于细化整个手机市场，依靠不同类型的产品去攻占不同层次的市场。这种设想的出发点往往是合理的，但是缺乏实践的必要性，而且由于整体的控制能力和操作能力有限，到最后全面发展的结果就是全面平庸，最终没有一款手机可以获得强烈的市场反响。而苹果公司大多数时候每年只生产一款手机，一款手机就足以引起市场上的轰动，拿到手机市场大部分的利润。

简单的运作模式往往才是最合理的。这种简单和组织的规模没有关系，和人数的多少也没有关系。简单是一种风格，也是一种高效的表现。美国心理学家和哲学家威廉·詹姆斯说："睿智，即知道该忽略什么。"所谓的"忽略"实际上就是一种合理的、有效的简化方式。团队管理者需要懂得如何简化内部的工作。这里的简化工作包含了多个方面，比如简化流程、简化沟通、简化组织结构等，这些简化项目最终都是为工作的简化而服务的。

14世纪逻辑学家、方济各会修士奥卡姆在《箴言书注》中说："切勿浪费较多东西去做，用较少的东西，同样可以做好的事情。"他提出了一个简化模式的理论：如无必要，勿增实体。即简单有效原理。

这就是著名的奥卡姆剃刀定律。这一理论的重点就在于告知人们，解决问题的最佳方式就是尽可能地切除那些不必要的累赘，去除不必要的内容，简化那些烦琐的流程和内容，保持事物的简洁明了。只把握那些最具优势的项目，将其余一些可能引起复杂局面或者复杂状态的东西删除。比如重要的工作先做，次要的工作往后安排，那些没有价值的事情则不要去做，对于工作流程、工作方式进行必要的压缩。

因此，任何一个团队必须建立简化的思维特质，必须以简化的标准来打造团队，并且对团队的发展和运作做出科学合理的规划，确保整个团队的发展道路不会因为一些累赘而受阻，不会因为复杂的运作模式而自我束缚。

高效能源于充足的准备和计划

1911年10月，来自挪威的阿蒙森团队和来自英国的斯科特团队分别发起了对南极的探险考察工作。由于在那之前，人类从来没有踏足南极点，因此这次的考察和探险活动被寄予了厚望，两支团队都希望率先到达南极点，从而名垂青史。

两支队伍几乎同时从南极圈外围出发，可是到了12月14日，阿蒙森团队率先到达南极点，并且插上了挪威国旗，之后他们顺利返回原来的基地。而斯科特团队则晚了一个月才到达南极点，他们错过了载入史册的机会。不仅如此，由于错过了最佳的返回时间，整个团队遭遇了恶劣的天气，返回途中不断有人掉队遇难，最终整个团队没有一人活着回到原来的基地。

很多人将两个团队的不同遭遇归结为运气问题，认为阿蒙森团队的运气更好一些，但事实真的如此吗？人们后来对两个团队进行分析，发现阿蒙森团队为这次探险活动所做的准备工作非常充分，他们一共准备了3吨重的物资，而斯科特团队主张轻装上阵，他们仅仅准备了1吨物资。这只是理论上够用的物资准备而已，而现实中可能会面临更多未知的风险和压力，一旦有什么地方出了差错或者发生意外事件，整个团队就会陷入物资紧缺的艰难境地。

不仅如此，阿蒙森团队从一开始就制订了完善的计划。他们制定了一项重要规定，那就是无论天气多么恶劣，每天都要前进大约30千米。这样就能保证计划有条不紊地推进，而事实上他们最后返回基地的日期和预先计划的时间一天不差。而斯科特团队根本没有相应的计划准备，每天的行程都是临时决定的，有些好天气的日子里走很多路，天气恶劣的日子则干脆在帐篷里睡觉，这就使得他们在路上耽误了很多时间。

　　进一步进行分析之后，人们发现阿蒙森团队为了
这次探险活动，特意准备了97条强壮的爱斯基摩犬，
并且花费了一年时间和它们生活在一起，培养感情并
进行训练。爱斯基摩犬非常适合冰天雪地的极寒环
境，它们可以帮助探险队运送物资。而斯科特团队则
选择了马匹，尽管马匹看起来行进速度更快，也更加
高大，可是走了一半路程就全部冻死了，在后半程的
道路上，斯科特团队的成员只能自己拉雪橇，严重影
响了行进速度。

　　阿蒙森团队为了节约做饭的时间，还特意准备了
一些特殊的保温瓶，队伍每天早上做完早餐之后就会
将饭菜放在保温瓶中，这样等到午餐的时候就可以拿
出来快速享用。而斯科特团队则更加喜欢使用生火做
饭的老方法，结果每次午餐都要多耗费一个小时，而
且还不得不浪费更多的燃料。

　　从两支队伍各个方面的准备工作来看，阿蒙森团队的准备
工作显然更加到位。无论是计划的周密性还是物资准备的充分
性与合理性，都可以看出阿蒙森团队最终能获得成功并不是因
为运气。可以说，在团队工作中，那些更善于做好准备工作的

团队更具效率，办事的效能也更高，它们往往也更能够把握住机会。

准备工作是团队工作中的一个重要组成部分。准备工作是执行工作的前提，是一个团队正式展开业务或者正式实施某项任务的前提。只有准备工作越充分，整个团队的执行效率和工作效果才会越好。一般来说，高效能的团队都会事先做好各种准备工作，为相关工作的推进以及内部的运作奠定基础。那么，团队应该如何做好准备工作呢？这主要包含了五个方面的内容，它们分别为常规知识储备、工具和资源准备、对未来进行规划、制订应对措施、反复练习。

——常规的知识储备

指的就是通过学习和培训，掌握各个岗位必备的专业知识和工作技能。作为工作的基本要素，掌握的知识越多，了解的技巧和经验越丰富，执行的效果也就越好，团队的执行水平和效能也就越高。优秀的团队会要求员工努力学习专业知识，会对员工进行培训，确保员工在工作过程中拥有丰富的知识储备，能够应对最基本的工作任务。

——工具和资源准备

这是指团队在执行某项任务或者推进某项计划之前，将所需的执行者、所需的技术和工具、所需的资金和时间，逐条列出来，然后尽最大努力将相关的资源准备到位，为接下来的工作奠定基础。

——对未来进行规划

即对团队未来的发展趋势进行分析，然后制订一个大致的规划，明确发展的目标和方向。在整个规划中，团队管理者应该重点思考做事的方法和原则，规划好做事的基本步骤和流程。这是团队立足长远的一种表现，也是战略规划的重要组成部分。这类准备工作能够有效保证团队前进的方向，提升团队执行的合理性。

——制订应对措施

是指团队在正式实施项目之前，要对相关项目制订计划，并进行预测。这种计划和预测主要针对团队在运作过程中可能遇到的问题，以及可能会遭遇的一些流程上的挑战。只要制订相关的措施，就可以有效减少这些问题带来的负面影响。另外，在制订完善而合理的计划时，团队往往应该打造一个应急管理体系，以提升团队的稳定性、抗压能力、应变能力，帮助团队更好地适应复杂多变的竞争环境。在这套应急管理体系中，应该拥有一个应急小组，制订相对完善的应急预案和相应的应急管理制度。这些有助于提升团队对突发事件的应对能力，减少潜在风险带来的伤害。

——反复的练习

是指开展业务和项目实施前的模拟演练。这种演练可以有效提升经验和熟悉度，在练习中可以找到可能存在的问题，并及时予以解决。比如一些团队会进行内部的沙盘对抗，通过沙盘演练来提升团队工作的顺畅性，找出并改善内部存在的问题，从而提升团队工作的效能。

任何一个团队都可以从这五个方面进行准备，为团队工作打下坚实的基础，为整个团队的高效运转提供最坚实的保障。

细节制胜，从最细微之处入手

　　日本著名餐厅Casita是非常人性化的餐厅，任何进入这家餐厅用餐的顾客都必须在30天前进行预定，之所以会这样做并不是为了进行"饥饿营销"，提升餐厅的影响力，而是为了尽可能地为顾客提供更加舒适贴心的服务，毕竟人数如果不受到限制的话，整个餐厅的服务质量必定会受到影响。

　　不仅如此，这家餐厅在营业前三个小时，餐厅内的主管和员工会专门对已经订餐的顾客进行充分的了解和分析，然后制订个性化的服务，这样一来，当顾客到达餐厅用餐时，就可以享受到最细致、最周到的服务。在用餐之前，餐厅内部的员工会举办一个小型的订餐会，然后对顾客进行再次调研，调研的对象甚至包括了顾客所携带的宠物状况，这样就可以解决顾客担心宠物没人照料的情况，同时也能够成功避免一些不听话的宠物打搅其他顾客的用餐兴致。正因如此，Casita成了日本最负盛名的餐厅之一，很多客人都慕名前来用餐。

在打造高效能团队的时候，很多人更加看重技术优势，更加看重资源分配，更加看重内部的合作文化，却不知任何一项工作都是人们做出来的，任何一点儿成绩也是人们做出来的，而所有工作的完成都需要着眼于细节，只有处理好细节问题，工作才能够得到进一步的完善。很多时候，人们容易忽略细节，团队内部的相关工作也难以落实到细节层面，似乎细节工作是一些无关紧要且不会产生太多价值的东西，殊不知很多细节本身就代表了价值，代表了价值的提升。

因此，一些团队不妨自我检视一下，看看自己的团队是不是非常注重细节，内部的队员是否经常会找出工作中一些不为人关注的小问题，是否经常会在意自己的穿着和卫生情况，是否经常会对自己的工作进行审核，在细枝末节上进行修缮。团队管理者应当以此为硬性条件，对员工进行管理，帮助员工建立起关注细节的习惯。

2010年年初，Facebook公司的财务部门送来了2009年的审计报表，马克·扎克伯格仔细研读之后，发现账面数字虽然还不错，但是有几项不必要的支出让他感到不满，他原本希望约谈相关部门的负责人并召开会议讨论，又觉得这样做会让人觉得小题大做，最后他想了一个办法，通知财务部门把所有部门负责人的薪水少发5美元，而且告诉财务部门，如果部门负责人有什么疑问，可以让他们来找自己。

正如扎克伯格所想的那样，大部分部门负责人很快就发现自己的薪水少了5美元，他们去找财务讨要说法，而财务则建议他们去找扎克伯格。这个时候，扎克伯格趁机通知所有的部门总监到会议室开会。在会上，扎克伯格把财务报表投影到了幕布上，然后对所有的部门总监说道："这是上一年的财务报表，虽然我们是赚钱的，可是有些支出却是完全没有必要的。虽然这些支出很少，但是你们却并没有在意。你们的薪水只是少发了5美元，你们就都发现了，而且很有意见，可是为什么公司这些完全没有必要的支出，你们却一点儿都不在意呢？"

这个时候，总监们才意识到为什么自己的薪水会被少发5美元。在那之后，Facebook公司中无论是部门负责人还是员工都非常注意工作细节，尽量控制好每一项支出，很多不必要的支出都得到了有效的控制。

对于团队来说，战略层面的规划和设计当然重要，它能够最大限度地体现出团队的实力和计划水平，体现出团队的执行状态，而细节上的关注则体现出了团队的工作态度，这些态度对于工作效能的提升至关重要。如果说高效能更加看重的是战略上的规划，那么从细节上进行分析则可以有效保证团队发展的精细化，从而在宏观和微观上对团队进行把握和掌控。

想要打造一个对细节更加重视的团队，就需要对员工进行培养。比如一些团队管理者会要求员工找出工作中的问题，然后进行修正，会打造内部的自省机制和批评机制，从细节方面把握工作的合理性与完善性。还有一些管理者会积极引导员工养成从细节入手的工作习惯，鼓励员工从小事做起，从细节做起，一点点将事情做好做大。对于那些能够专注于细节问题的人，管理者应当给予必要的赞美和奖励。

有一些公司会将细节关注纳入人才招聘和考核当中，比如在招聘人才的时候，看看对方是否会注意地上的纸屑，是否会关注椅子上凸起的钉子，是否注意到了办公室墙壁上挂歪了的画框。一些团队在考核员工成绩的时候，会将个人卫生和外在形象纳入考核当中，只要个人卫生和形象分不过关，就可能会受到惩罚。而在工作当中遇到的其他一些细节问题也会遭到管理者的严格对待与审核，比如文件打印是否多浪费了一张纸，是否不记得及时关电灯，是否对一些细微的错误毫不上心。

对于一个团队来说，细节往往是决定团队效能高低的关键，任何团队都需要意识到一点。那些原本发展势头很好的企业和团队之所以会很快倒闭，有时候并不是因为技术不行，也不是因为选择了错误的方向，很可能只是因为一些细节方面的小问题，正如一些管理学者所说的那样："绊倒大象的并非都是大树，有可能只是一颗石子。"因此，团队从一开始就应该将把握细节、注重细节的思维特质以文化的方式传播到每个人的大脑中，应该重点打造和推广细节文化，确保每个人都能够以精益求精的态度工作，确保每个人都可以建立正确的价值观和工作观。

注意打造出色的商业模式

随着团队模式的不断发展和完善，人们不再满足于早期那种单纯将几个相互需求的人组建成一支队伍的模式，开始追求更为合理的发展体系，而任何一个团队想要获得发展，就需要打造一个合理的高效的商业模式。这种商业模式有助于它扩大规模，有助于它把握住发展的机会，有助于它赢得更多盈利的机会，同时保障团队的高效能状态。那么商业模式究竟是怎样的呢？团队应该如何去打造一个合理的商业模式呢？

商业模式一般由四个相关的要素组成：客户的价值主张、盈利模式、关键资源、关键流程。客户的价值主张简单来说就是团队能够为客户带来的价值，或者说团队吸引客户的方式；

盈利模式是指团队在为客户服务的过程中同时也在为自己创造利润；关键资源是指团队为客户创造价值的那些资源；关键流程是指团队能够帮助顾客创造价值的重要制度和文化。一般来说，客户的价值主张是核心内容，它是衡量整个模式是否合理的基本标准。盈利模式是重要的支撑，主要用于维持商业模式的运转。关键资源是团队运作的基本要素，没有关键资源，商业模式的打造将会失去依据。关键流程是制度上的保障，主要为商业模式的运作提供必要的防护。

一个优秀的团队或者企业往往会从这四个方面进行模式的设定和打造。一开始要先了解和明确客户的价值主张，然后建立属于自己的盈利模式，寻找关键资源，打造关键流程，从整体上对团队的商业模式进行武装和完善。

在这一方面，苹果公司在最近二十年一直都是佼佼者。它不仅可以为新技术提供非常时尚的设计，把最好的技术和最好的商业模式结合起来，它的商业模式也不是单纯地开拓硬件技术，而是将硬件技术和软件开发有机结合起来，并且融入服务体系当中，从而为客户提供了更大的便利，也为自己拓展了盈利空间和发展空间。

苹果公司多年来倾注大量心血打造了iPhone、iPad、iPod、iMac等一系列产品，这些产品在很多时候成了技术流的代表，但是真正使它成为一个成功模式的关键在于对软件的开发和应用。比如2001年，苹果研发团队推出了iPod，可是这款产品并没有引起市场的重视，因为数字音乐播放器早在多年前就已经在市场上出现了，iPod的功能并没有什么特别的。

不久之后，苹果公司推出了iTunes。这是苹果公司历史上最具革命性的产品，这个最初用来和iPod相配合的音乐管理平台逐渐成为iPhone、iPad、iPod、iMac共同的管理器，成为苹果产品的一个创新枢纽，而且苹果公司也得以进入音乐市场。

当全新的商业模式形成之后，苹果公司为顾客带来了前所未有的便利，可以说这么多年来苹果公司依靠着出色的产品技术和丰富的软件，给了顾客更多更好的体验，而且带来了更多的阶层认同感，这就是客户的价值主张；苹果公司依赖这独特的商业模式打造了属于自己的生态体系，结果成了世界上最受欢迎的科技品牌，其产品也成了盈利最高的产品，这就是盈利模式；苹果公司拥有世界上最具创造力和魅力的领导之一乔布斯，拥有世界上最活跃的设计师和软件开发者，这些是苹果公司成功的关键资源；苹果公司拥有出色的企业文化，拥有最优秀的管理模式和管理制度，确保公司的创新具有复制性和扩展性，这是关键流程。

对于团队管理者和负责人来说，打造一个有弹性、有竞争力的商业模式比直接打造一款有竞争力的产品更具优势，因为好的产品终究会过时，终究会被不断更新的技术和不断改变的消费习惯替代，而好的模式则能够保证团队具有持续的创新能力和活力。

号称"华尔街互联网女王"的玛丽·米克曾经列出了一张主题为"全球前二十五大互联网公司"的图表，在这个图表中，苹果公司高居榜首，成为全球第一大互联网公司。这样的排名让很多人感到惊讶，事实上，多数人都认为苹果公司更加注重科技产品的制造，无论是电脑产品还是手机产品，都能够引领潮流，它与亚马逊、阿里巴巴之类的互联网公司不同。但这个排名更注重它特殊的行业模式，尤其是iTunes和AppStore的发展为它的壮大奠定了基础。

从某种意义上来说，打造一个出色的商业模式是企业走向成功的保障，也是企业内部各个团队获得发展和完善的前提。反过来说，如果团队内部的商业模式不完善，缺乏一个系统的合理的运作方向和运作模式，那么团队的发展就可能会失去平衡，会因为方向不明确或者方向错误而陷入恶性循环之中。

打造一个强大的商业模式是整个团队最重要的资产之一，任何一个团队都需要重点投入这项工作当中。在寻找到合适的人才并做好各项准备工作之后，应该着手打造商业模式，而不要将目光仅仅停留在一些人才、技术、资源、工具之类的要素上。

高效能小团队的合理规模为七人

高　　效　　能　　团　　队　　设　　计

通常人们会惯性地将某个单位组织或者某公司分割为几个团队。可以说在具体的工作中，人们更加离不开小团队。这些小团队虽然隶属于公司或者公司内部的某个部门，但同样具备多功能，同样具备出色的竞争力。不过，他们必须合理控制人数和规模，因为只有当团队规模得到一定的控制时，团队的内部协调、内部的工作效果才能获得保障。

人们曾经认为，团队人数越多就越具备竞争优势，力量也越大，但是很多有经验的管理者发现，一旦团队人数过多，内部的交流和执行就会受到影响，团队工作效率就会下降。比如在开会的时候，人数太多反而不利于达成共同的协定，而且内部交流的效率会变得非常低。针对这类情况，管理者常常会陷入困惑。亚马逊CEO杰夫·贝佐斯对于如何提高开会效率这个问题有自己的解决办法，那就是"两个比萨原则"。

贝佐斯认为如果两个比萨还不足以喂饱一个项目团队，那么这个团队的规模可能就显得太大了。在他看来，较少人参加的会议往往能够取得更好的效果，用消耗的食物来衡量，最好控制在两个比萨之内，而两个比萨大概能够喂饱六个人或者七个人。一个团队如果规模太大，成员之间就难以进行深入沟通，在面对相关问题时，可能会出现相互推诿的情况，导致项目陷入停顿状态或彻底失败。从现实的角度来分析，当团队维持一个比较小的规模时，队员的注意力会相对集中一些，也才能焕发出活力。

事实上，很多管理学家都证实了这一点，那就是七个人的团队也许是最合理最划算的团队。而他们的依据在于心理学上的一个重要现象，那就是人们的记忆能力大都为七条信息，然后存在增减两条信息的弹性。这就是心理学家乔治·米勒提出的记忆理论，这个理论在团队沟通中同样有效。当人数增加时，大脑的工作量就会增加，沟通的效率就会降低。

有数据显示，如果团队规模超过九人，那么运作速度会放缓。毕竟每增加一个新成员，他都必须尽快跟上其他成员的速度，而这往往需要耗费一定的时间，否则就会成为一个累赘。团队成员增加之后，沟通渠道也会大幅增加，而大脑的记忆力不足以在短时间内应付这么多的沟通渠道。

有关团队规模跟沟通渠道之间的关系，一些学者用一个数学公式来表示，其计算的基本公式为：

团队中的沟通渠道=n（n–1）/2。n表示团队人数。

可以简单计算一下，如果团队人数控制在5个人时，沟通渠道为10条；如果团队人数达到7人，沟通渠道就变成了21条；如果人数是9人，沟通渠道就有36条；当人数为10个人时，沟通渠道就变成了45条。这么多的沟通渠道显然让人难以应对。这个时候，人们在沟通中的信息处理能力无法获得保障，根本无法及时了解别人正在做什么以及想要做什么。

此外，当团队人数控制在七人左右时，对于管理者来说也不会有太大的管理难度。这种小规模的团队管理起来比较方便，管理的辐射范围也不会太广，可以有效保证相关指令的实施，有效协调好内部的资源分配、职位安排和人际关系的处理。这是一个比较理想的团队规模，可以保证各项管理工作正常铺开。

而且通过上面那个公式就可以得出，团队人数如果太多的话就会对内部沟通产生负面影响，沟通渠道的增加会导致沟通流程的烦琐和沟通效率的低下。当然，在实际的应用中团队规模的下限也应当引起注意，那就是人数不能太少。如果一个团队只有两三个人，那么内部的沟通就显得过于狭隘，合作效果以及内部的效能提升也非常有限。所以综合起来说，最合理的团队规模就是七人组建的团队，它可以有效保障管理的幅度和效果，同时提升管理的效果和团队合作的效能。

执行力，决定一个团队命运的关键力量。

帮你成为卓越的管理者，打造强悍的执行团队。

破解执行力的 10 个关键环节，洞悉高效团队背后的管理细节。

◆本书从执行力的10个关键环节入手，告诉你轻松带出高效团队的秘密。

《管团队，管的就是执行力》

作 者：高 朋 定 价：48.00元

出版社：台海出版社

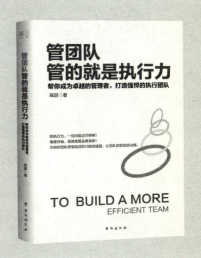

告诉你如何拆掉沟通壁垒，
打造执行力高效的团队。

◆ 要想使团队具备强大的执行力，通畅沟通和做事一样重要，因为通畅沟通能让执行更加迅速，并且也能增强团队凝聚力和协调性，有效节省时间成本，从而真正地提高执行力。

◆ 本书是作者对众多知名企业深入考察和研究，并结合大量实际案例，总结出的一套系统性方法，将会告诉你"如何拆掉沟通壁垒，打造执行力高效的团队"。

《沟通力就是执行力》

作　者：赵　伟　　定　价：48.00元

出版社：台海出版社